ももクロとのライブから生まれた
規格外のダイエットメソッド。

注目すべきは、

「内臓力」

「呼吸力」

「インナーマッスル」。

NIKE AIR

NIKE AIR

AIR

AIR

ももクロゲッタマン体操をともに……………6

Chapter 1
ももクロゲッタマン体操は なぜ「規格外」の ダイエットメソッドなのか？…8

「規格外」のガチコラボ……………9
GETTAMAN＝
「ヒューマンアーティスト」……………10
ライブで生まれた
「規格外」のエクササイズ……………12
やせないのは、内臓が疲弊しているから！…14
基礎代謝を上げるのは、
「内臓力」だった！……………16
内臓を支えるインナーマッスル……………18
正しい呼吸なら、呼吸でやせる！……………20
現代人は、ゆがんでいる！……………22
骨盤はカラダの受け皿……………24
「タレツキン」は「多裂筋」。別名「美姿勢筋」…26

Chapter 2
美しく、しなやかに！
ももクロゲッタマン体操 完全脂肪燃焼エクササイズ……36

01 インナーマッスル全体に刺激を与える…38
02 美姿勢＆内臓の保持に効果！……………42
03 骨格と呼吸をダイナミックに整える……46
04 癒やしながら、美姿勢に……………50

Chapter 3
概日リズムを取り入れた カラダ＆ココロメソッド……56

カラダのセンサーを研ぎすませる……………57
概日リズムに合った食生活へ、改善を……58
フルーツ効果で、健康的にやせるカラダ！…60
カラダリセットは、
ココロも、生き方も変える……………62

リンパに溜まり続けるゴミも、
やせない要因！……28
現代病のもと「糖化」の災い……31
「酸化」が起こすカラダのマイナス……32
内臓力の低下は、肥満＆万病のもと！……34

Chapter 4

ゆとり時間にアプローチ

パーツ別 ももクロゲッタマン体操 エクササイズ

パーツ別 ももクロゲッタマン体操 エクササイズ……66
小顔 むくみ、たるみ、くすみも一気に解消！……68
背中 呼吸を深くし、褐色脂肪細胞を活性化……76
お腹 内臓力アップと、くびれを作る最強のエクササイズ……82
美脚 ポイントは、脚の後ろ側を使う、セルライト除去、骨盤引き上げ……88
DVDの使い方……94

GETTAMAN《ゲッタマン》（以下、G）：「ももクロゲッタマン体操」はけた外れに規格外で、画期的。「内臓」と「呼吸」「インナーマッスル」にアプローチして、ヒトのカラダがもつ機能を正常に戻して、パワーを底上げするんです。「免疫力を高める」って言うけれど、それも元来カラダに備わっているもの。でもそれが、現代人は弱っているのが問題で……。それを元に戻すための最強メソッドなんです。最初からちょっと熱が入っちゃいましたね。やってみてどうでした？

高城：ちょっとやっただけで、目がパッチリ、肩もスッキリした気がします。

佐々木：ホント全身運動で、いろんなところに効きますね。カラダがあっつくなりました。

G：そうでしょう～！　これができたのもみなさんのおかげ。最初は5年前ですよね。ほんとにありがたいです。

玉井：GETTAMANに、勝手に身内感を感じていますよ。

G：実際5年前、西武ドームで朝お会いしてびっくりしたんですよ。アイドルという枠を超えて、規格外のアイドルって感じたんです。全力で、熱血で、パフォーマンスというのはわかるんだけど、空気感が、しがらみのない純粋な空気感に包まれていて、それが最高で。まわりが「愛」にあふれている。それがとっても新鮮でした。だからオファーをいただいてすぐに「OK、やりますよ」という感じになった。素晴らしい！　何が基本？

ももクロ全員：え、え、何だろう？

G：アイドルじゃないですよね？　アーティストであり、パフォーマーであり、芸術家であり……。

玉井：うれしい！

G：室町幕府のときに能楽の観阿弥、世阿弥という親子がいたんですが、「我見《がけん》」「離見《りけん》」という言葉を残していて、それを思い出します。ステージから見ている部分と、離れた状態から自身を俯瞰してみること。この2つができていたんです。いちばん遠くにいる人たちのココロの奥底に入って、寄り添いながらきちんと物事を考えられる人たちだな～って思ったんですよ。

　千利休は「守破離」といっていて、それは「守る、破る、離れる」こと。日本の武道や芸事には必ず家元がある。それを守った状態から自分をカテゴライズ（〝らしく〟変える）。型を破って「ももクロ」というスタイルを展開

している。アイドルの部分だけでなく、いろんな枠の中にいきなり入っていっても、守破離ができているんです。

百田：めちゃくちゃ褒められている！

G：それに刺激をいただいてできたのが「ももクロゲッタマン体操」。パフォーマンスがすごいので、シンプルで、クリアで、ボールドを突き詰めていったら、最強のエクササイズが誕生したんです。

玉井：スゴい！ いいことずくめ。

高城：早ければ早いほど、老後にもいいですよね！

高城さん以外のももクロ：さすが、最年長！

G：人生100年時代ですから。

百田：ももクロファンが、みんなスリムになっちゃいますよね。

玉井：「ももクロファン、みんな、スタイルよくない？」なんて言われたりして。

G：最もパワフルで元気あふれるファンだって言われますよ。

玉井：内臓が正常に働くためにサポートする筋肉を鍛えたほうがいいんですね。

G：そうなんです。内臓が活性化すると代謝が上がるので、脂肪の燃焼効果が上がる。そしてそれだけじゃなくて、ヒトのカラダを最もパフォーマンスの高い状態に導いてくれる。本来、ヒトのカラダでは、脳・免疫力・内臓が三位一体になっているのですが、現代人はこれがちゃんと作用してなくて。だから風邪もひきやすいし不調も多い。それを正常に戻して、生命力を強化してくれるんです。

ももクロ全員：

ぜひ一緒に、めざしましょう！

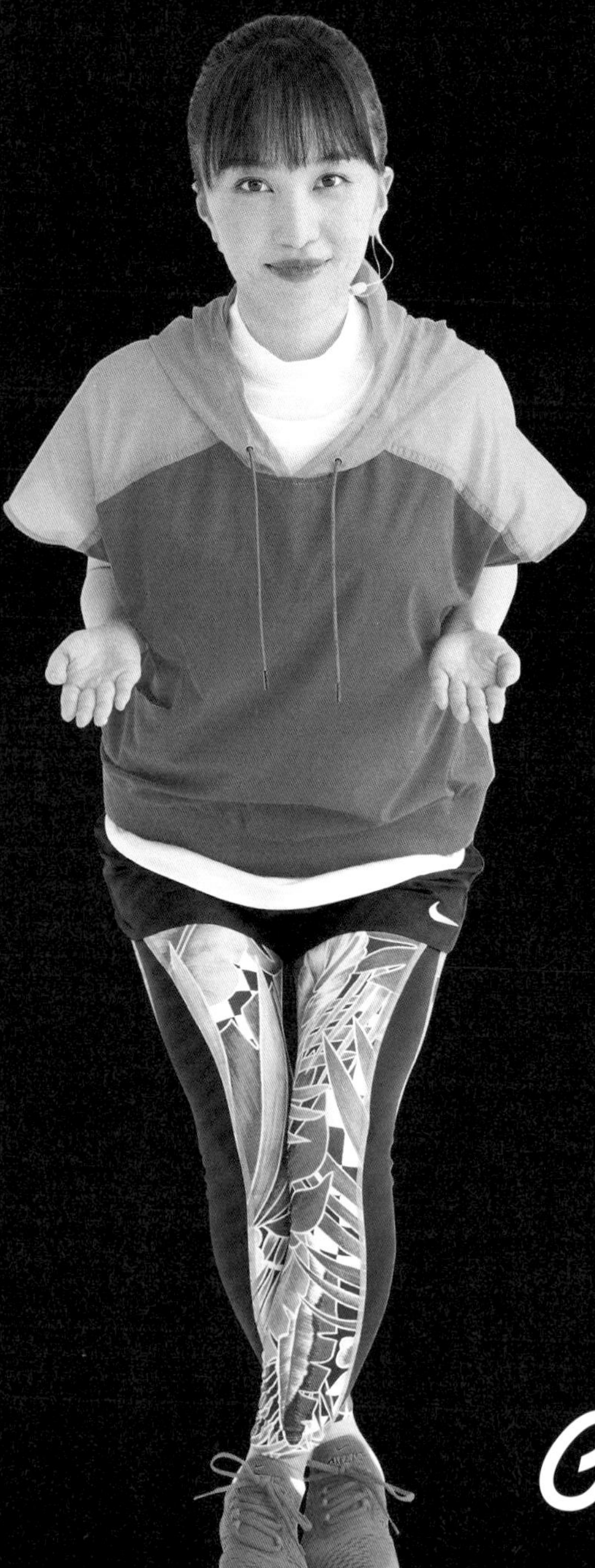

Chapter 1

ももクロゲッタマン体操はなぜ「規格外」のダイエットメソッドなのか？

「規格外」のガチコラボ

私、ＧＥＴＴＡＭＡＮが、ももいろクローバーＺ（以下、ももクロ）の名物マネージャー・川上アキラさんからオファーをいただいたのは、もう５年も前になります。「ＧＥＴＴＡＭＡＮ、西武ドームでのライブに出てくださいよ！」。そう突然言われて、驚きました。ある番組で共演してからすぐのことでした。

ももクロは当時から「規格外のアイドル」として君臨していました。ステージの上から放つオーラやエネルギー、そして、美。またその姿はパフォーマーであり、アーティストであり。アイドルという枠を超えて、ももクロの領域をどんどん広げています。見た者すべてのココロの中に入り込み、魅了するパワーは、普通のアイドルとはまったく違います。まさに「規格外」のアイドル！　一瞬にして私のココロも捉えていました。そんなももクロからのオファーです。驚くのも当然でしょう。

同時に、なぜ私にオファーしてくださったのか、考えました。

ＧＥＴＴＡＭＡＮ＝「ヒューマンアーティスト」

１９９３年に世界自然遺産に登録された屋久島で、私、ＧＥＴＴＡＭＡＮは生まれました。縄文杉をはじめ、太古からの巨木が根を張る神秘の森が、子どものころの遊び場。その上にツリーハウスを作り、自然の豊かさとおおらかさに包まれていました。人間社会よりも、自然といるほうが心地よく、それはいまも変わりません。自然に畏敬の念を抱き、自然に誠実に向き合って生きる……。これが私の原点です。

ですから、大人になって勤務したＮＴＴ本社はまったくの別世界でした。超エリート集団と進める仕事では落ちこぼれつつも、社会人としての性格・人格・才覚を学びましたが、どん底まで落ちたときに救ってくれたのは、やはり自然でした。海と大地に挑むトライアスロンで優勝したのをきっかけに、企業の関連事業であるフィットネスクラブの支配人にいきなり就くことになります。もう27年も前のことです。

その後、ハワイで行われるホノルルマラソンには20年以上連続出場。羽織、袴に、高下駄の音を響かせながら、足は血だらけ、白い骨が見えるほどになって走り、笑顔で全ランナーに元気と勇気のエールを送る……。そんな姿から「ＧＥＴＴＡＭＡＮ」と呼ばれ、さらに「ＧＥＴＴＡＭＡＮに会うと幸せが訪れる」とも言われるようになりました。そして現在、ハワイのＴＶ・ラジオ・雑誌を通して、健康サポートのお役目をいただいています。ハワイの地で、自我が大我《だいが》に変わり、真の意味での「健康の天職」の道を歩み出したと思います。これもハワイの自然のおかげかもしれません。

ただ振り返ると、普通に仕事をしただけでは「ももクロゲッタマン体操」は生まれなかったと思います。私はその枠を超えてココロとカラダをサポートしてきました。クライアントのもとに自ら出向き、特別なものは一切使わずにパフォーマンスを向上、ベストコンディションへ導く究極のオートクチュールメソッドを体現化しました。定期的なコンディションチェック・トレーニング・ケア・食事・メンタル面からのトータルサポート。おかげさまでクライアントには、ドームツアーを行う人気ミュージシャン、惜しまれ引退した唯一無二の歌姫、モデル、世界的な賞を受賞するパティシエ、企業の経営者など、名だたるトップクリエイターが集い、年間契約は3年待ち。大手企業や健康保険組合などでの講演、肩甲骨に着目したダイエットメソッドの構築、テレビで冠番組を持つなどの活動も加わり、「規格外」になっているのだと思います。

ライブで生まれた「規格外」のエクササイズ

「ももクロ」→「ももをクロスする！」

ダジャレのようですが、じつは理にかなった、最強のダイエットメソッドです。巻頭で書いたように、「内臓」「呼吸」「インナーマッスル」をターゲットに、一度にそれらを刺激してカラダの基礎代謝を上げ、脂肪燃焼に働きます。

それも、1日にたったの5分。私はいつも「シンプルで、クリア、そのうえボールド」とお話しするのですが、「シンプル＝簡単」で、「クリア＝わかりやすく」、「ボールド＝奥深い」。まさにこの3つを兼ね備えたエクササイズだと自負しています。

5年前、はじめて登場させていただいた西武ドームでのライブ後、「Ｙａｈｏｏ！トレンドワード」では「ゲッタマン」が1位になるほどの反響で、両者の化学反応が起きました。それがあり、「日本武道館にも！」とお誘いを受けると私は二つ返事でお受けしました。当日は福岡での講演も入っていたのですが、まさか台風の影響で東京行きの飛行機が遅延するとは……。ドキドキヒヤヒヤしつつも、武道館到着は本番5

分前、ギリギリセーフ。みなさんにご迷惑をおかけしなくてすみました。

当然、ぶっつけ本番でステージに上がりました。それでも、ライブでご一緒させていただくということは、ももクロファンの「モノノフ」さんたちに大満足していただかねばなりません。ももクロ、もも＊クロ……と頭の中でめぐらせていた途端、感情と考え方がふと手離され、ゾーンに入ったように突然ひらめいたのです！

それにしても、なぜダイエットに「内臓」「呼吸」が関係するのか？　疑問に思う人も多いでしょう。「インナーマッスル」はよく聞く言葉なのでダイエットに必要とわかっていても、「？」が浮かぶのは残りの２つ。それが、このメソッドが「規格外」というゆえんです。

じつはこの仕事を20年以上している私でも、この事実を知ったのはここ数年のことです。ダイエットについての研究は世界中でなされており、情報は刻々と書き換えられているのですが、最新情報は、いままでのダイエットメソッドをくつがえすほどの衝撃的事実。その結果に「ももクロゲッタマン体操」は合致していたのです。

やせないのは、内臓が疲弊しているから！

内臓が疲弊？　この意味は想像しがたいかもしれませんね。日本人の食の歴史を見てみると、理解しやすくなると思います。

縄文時代から続く1万２０００年のあいだ日本人は、ほとんどの年月で、木の実や豆類、米、麦、ひえ、あわなどの作物を主体に食べてきました。硬いものも多かったので、一説によると1回の食事での咀嚼《そしゃく》回数は３９９０回だったといいます。それに比べて、いまは６２０回！　激減ですね。テレビのグルメ番組では「うわ～とろける～」と、うっとりとした声を出して食べるシーンをよく見るように、あまり噛まずに食べる食品の増加は、咀嚼回数をさらに減少させます。すると食べ物は、咀嚼されずに胃に流れるので、胃はびっくり！　余分な仕事を強いられ、分解・消化・吸収に手間取ってしまいます。また1万年前は甘味を、樹液などから得たものをわずか（22gと言われている）しかとっていなかったそうですが、いまは比較しようもないくらいの精製糖を大量に摂取している。そして、肉を頻繁に食べるようになりました。

さらに特筆すべきは、酸化防止剤や食品添加物の入った食品が増えたことです。ある調査によると、1年に４kgもの食品添加物をとっているとか。化学物質は消化できないので、カラダの中で、酵素などのあらゆる物質がせっせと働いて、解毒・放出に過重労働を強いられている。これが、現代の消化事情です。

食の環境は、内臓を作ります。木の実や米、あわ、ひえなどを食べていた歴史が長い日本人の腸には、食物繊維を分解する腸内細菌が豊富で、炭水化物をエサにする善玉菌が多いと言われます。外国で冬の寒さがこたえる日にバーなどに行くと、みんなタンクトップでいて驚いたこと、ありませんか。いっぽう日本人はみんな長袖。その上にパーカーやセーターを羽織っていることも多いでしょう。それも、内臓の違いです。欧米人の歴史は肉食とともにあり、肉類の分解・消化・吸収を即座に行って悪いものを一気に体外に出させるような腸を作り上げてきたのです。

つまり日本人の腸は近年の食生活の変化で、不得意な食材を食べるようになったため、うまく機能を使えなくなりました。そして体内では、脳・免疫力・内臓力が三位一体で働いていたのがうまく作用しなくなり、とくに「内臓が疲弊」状態に陥り、本来の「基礎代謝を担う」役割を果たせなくなっていると考えられます。

基礎代謝を上げるのは、「内臓力」だった！

基礎代謝とは、何もせず安静にしているときも動いている、人間が生きるために必要な最小限のエネルギー消費のことをいいます。ダイエットを行う際、「基礎代謝を上げよう」とよく言われるでしょう。そして、「基礎代謝を上げるために筋肉をつけよう！」と、多くのダイエット本には書いてあると思います。実際、私も5年前にはそうお話ししていました。かつての研究では、代謝を司るのは筋肉が40％、内臓40％、その他が20％と言われていましたから。でもいまは違います。

基礎代謝を上げるのは内臓！

最近の研究では、人のカラダにおける安静時の代謝を担うのは、筋肉が22％。脳も内臓の1つで、「その他」も内臓に由来するものが含まれますから、内臓が約8割を占めると言ってもいいでしょう。そうすると、22％の筋肉代謝を上げるより、80％を占める内臓の代謝を上げるほうが、基礎代謝は上がる！　ということですよね。最新

厚生労働省e-ヘルスネット
「ヒトの臓器・組織における安静時代謝量」

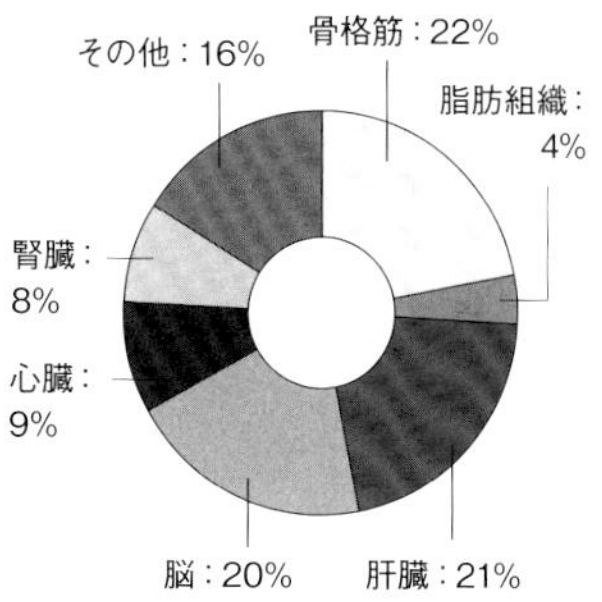

の研究では、筋肉の代謝は18％だという話もあります。つまり、筋肉の代謝作用はより小さいことがわかった、というワケです。だから、本書の1ページ目でお伝えした「内臓力に注目」という意味はこれなのです。なのであらためていいます。

内臓の働きがいちばん！

本書でお伝えする「ももクロゲッタマン体操」が「規格外」というのもうなずけると思います。「代謝を上げるのに内臓力を上げよう！」とは、どの本にも書いていないでしょう。でも、そうなのです。

寝ているときだって、脳や心臓は動いています。のちにお話ししますが、寝ている時間は食べたものの分解・消化・吸収の時間なので、ということは、胃や肝臓、腎臓、腸も動いているということ。内臓は、1日24時間、1週間168時間、休まずず〜〜〜っと動いている！　そのとき脂肪を燃やし、エネルギーを生み出します。つまり、ちゃんと正しく内臓が動いていれば、脂肪が使われ、〝やせる〟ということです。

それを促すのが「ももクロゲッタマン体操」です。

内臓を支えるインナーマッスル

巻頭では「内臓力」の次に「呼吸力」を上げましたが、先に「インナーマッスル」からお話をしましょう。

インナーマッスルとは体幹のこと。もう聞き慣れた言葉ですね。本来は、カラダから両腕両脚を除いた部分をいいますが、ここでは「カラダの奥の奥、いちばん深層にある筋肉」を指しています。とくに、多裂筋（詳しくは26ページでお話しします）を中心にした「姿勢保持筋」と、これは私が講演などでよく使う言葉なのですが、横隔膜・腹横筋・骨盤底筋を称した「内臓保持筋」は、ダイエットに重要です。それらは、常に動いている筋肉です。つまり、「何もせず安静にしているときも動いている、人間が生きるために必要な最小限のエネルギー消費＝基礎代謝」を司る筋肉。競技に例えると、長距離ランナーになりますね。

いっぽう、それに対するのが「アウターマッスル」。これは１００ｍダッシュするような短距離走の選手のようなもの。速さや力を発揮しなければならないような、い

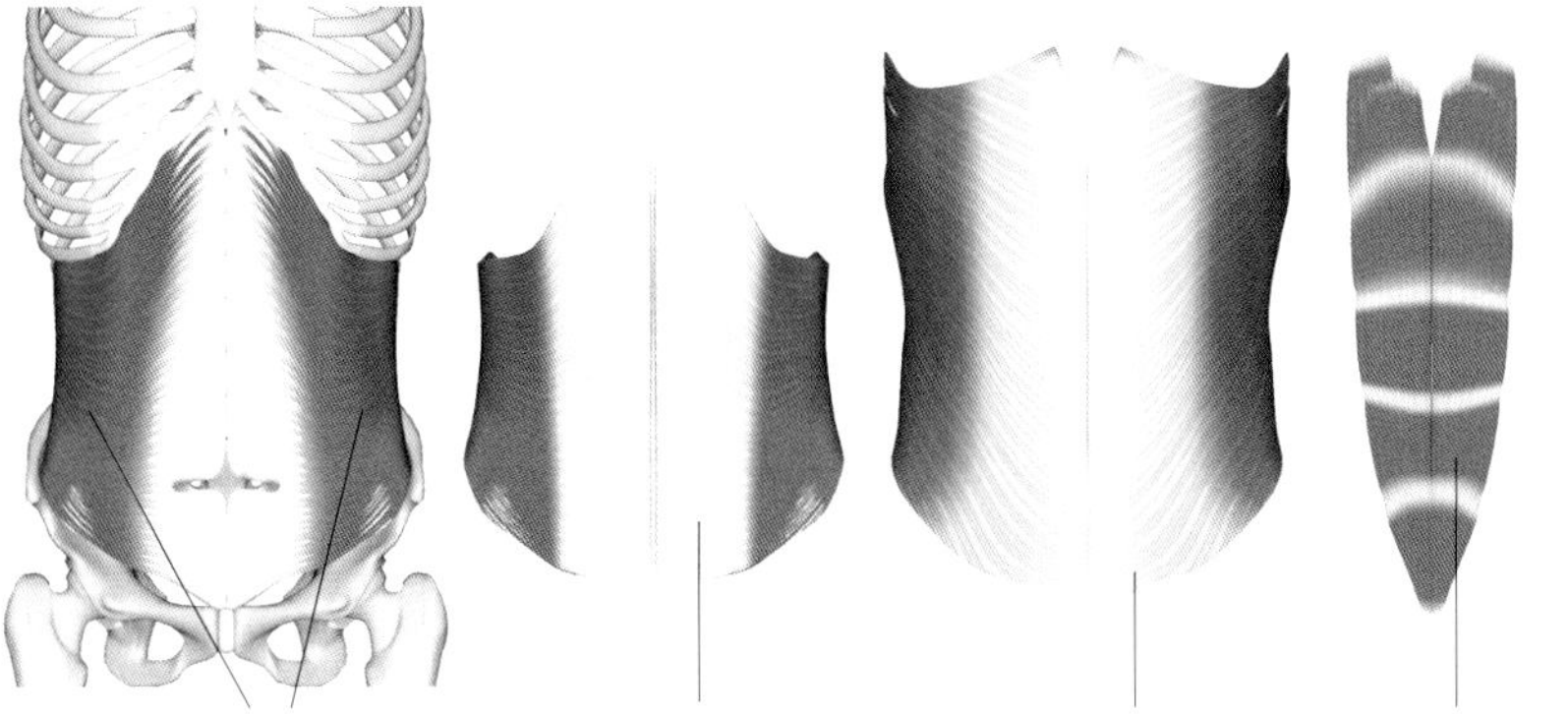

左の腹横筋がいちばん深層にある筋肉。その上に内腹斜筋、またその上に外腹斜筋。
もっともアウターにあるのが腹直筋。

ざというときに活躍する筋肉です。

ここで、内臓を包んでいる、お腹の筋肉を見てみましょう。

お腹は４つの筋肉から成り立ちます。いちばん外側にあるのがアウターマッスルの「腹直筋」。シックスパックをなしているのがこれです。

その奥にあるのが「外腹斜筋」。さらに奥には「内腹斜筋」があり、いちばんの深層にあるのが「腹横筋」。腹横筋はインナーマッスルで、着物の帯のように、お腹全体にぐるっとついていて、内臓を支えています。

つまり、お腹のインナーマッスルは、内臓を支え、適正な位置に保つための筋肉。内臓力を上げ、基礎代謝を上げるためには、この筋肉は欠かせないのです。

正しい呼吸なら、呼吸でやせる！

人は1日に2万回以上呼吸するのが標準です。1分間にすると約18回。それを2倍にした数字、36は体温の数字にあたり、さらに2倍した72は心拍数に相当します。この法則性から、人のカラダはあるリズムを刻んでいるのが、感覚でわかるでしょう（これを「概日《がいじつ》リズム」といい、58ページで解説します）。ですが、そのリズムをきちんと刻めない人が増えている！

リズムが乱れていると、呼吸が浅くなり、呼吸数は増えます。最近の研究では、呼吸数が多いとカラダは緊張モードになり、体温・基礎代謝・免疫力ともに低下。肩こりや冷え、不眠などになるといいます。また、呼吸が深くなると呼吸数が減って、カラダは落ち着いて不調は改善され、ダイエットにも効果があります。呼吸が深まるとインナーマッスルがしっかり動き、内臓力も高まるのです。

そこでお聞きします。呼吸のメカニズム、知っていますか。

呼吸には、インナーマッスルの「横隔膜」が作用します。横隔膜はドーム状で、ちょうどみぞおちのあたりにあり、呼吸に合わせて動きます。息を吸うと下がり、吐くと上がる。この上下の動きが呼吸力を高めて内臓を穏やかに活動させ、基礎代謝アップに通じるのですが、現代人はそれができていないから問題なのです。

カラダのゆがみから横隔膜がずれていると、横隔膜は動きがとれません。動かないのでその上のスペースは変わらず、息を吸っても、息が入るすき間がない。それでもなんとか息を入れようと、肋骨にある「肋間筋《ろっかんきん》」が広がるのですが（「胸式呼吸」）、呼吸はやはり浅くなります。とくに女性は腹式呼吸ができづらく、胸式呼吸が主なので、呼吸が浅く、やせにくいカラダになっている一因でもあります。

また横隔膜が動くと、神経にも作用します。主にアプローチするのは、自律神経の副交感神経。副交感神経は、カラダを整えて、いかに内臓や成長ホルモンの働き・基礎代謝を高めるか、ということに従事してくれますが、これまた問題で、現代人は、副交感神経のスイッチが入りにくい！　横隔膜が動いていない証拠ですね。

横隔膜を動かす→腹式呼吸をする→副交感神経のスイッチが入る→
内臓の基礎代謝が上がる→やせる！

これが正しい呼吸です。

現代人は、ゆがんでいる！

とくに日本人は、ほぼ１００％ゆがんでいる、といってもいいと思っています。スマホを使うようになって、使用時間もどんどん長くなってきています。オフィスではパソコンに向かっている時間がほとんど、という人も多いでしょう。ずっと同じ姿勢で画面を見ているのでストレートネックになり、筋肉は固まりぎみに。知らぬ間に、肩が前に丸まってしまうのです。

そして、主に女性のカラダに影響を及ぼしているのが、ヒールです。おしゃれや美意識のために必要なものでしょうが、ヒールを履くことでカラダの重心が前になってしまいます。それをカラダは察知して、バランスをとるために、骨盤は前に倒れ（前傾）、全身を支えるために、脚の前側、前太ももが大きく発達してしまうのです。

この話だけでも、カラダにムリな負担をかけている感じがしませんか？

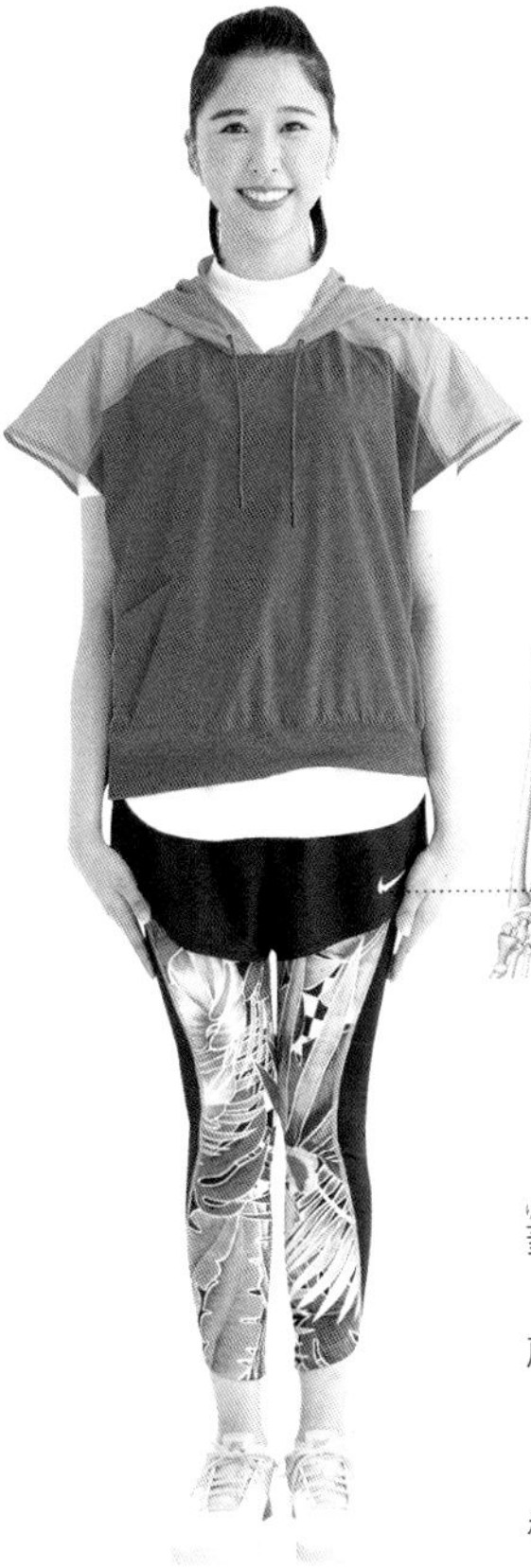

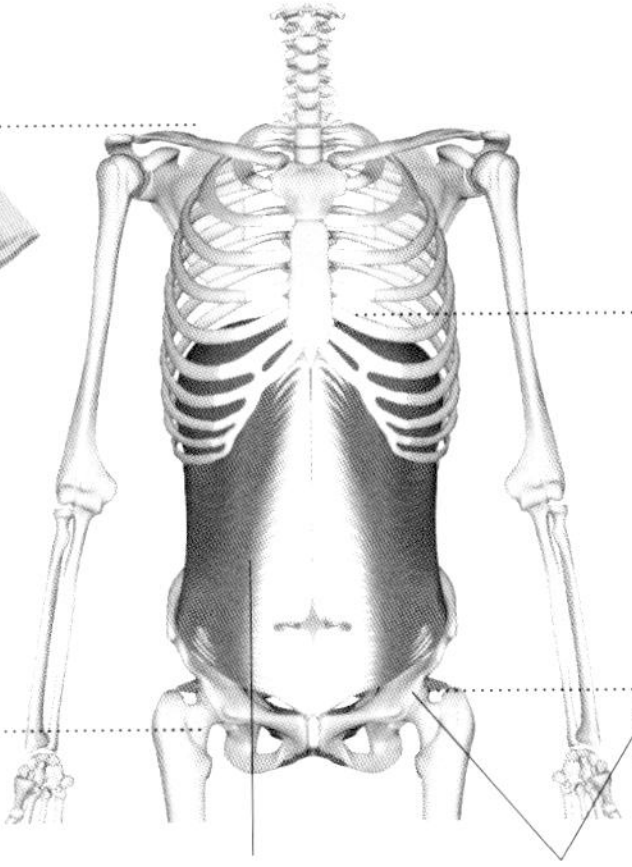

腹横筋の下には、ドーム形の横隔膜がある。呼吸をすると、これが上下に動く。

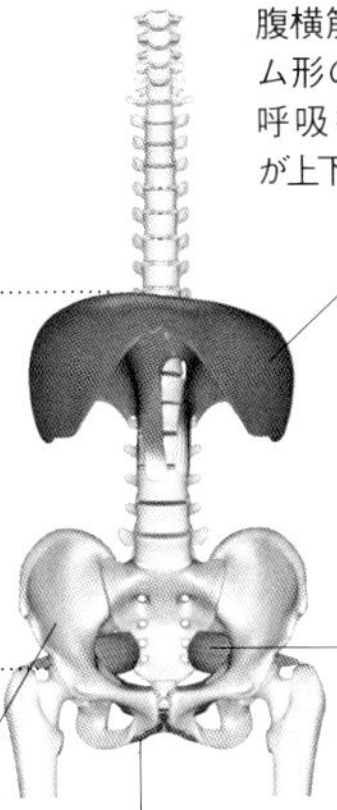

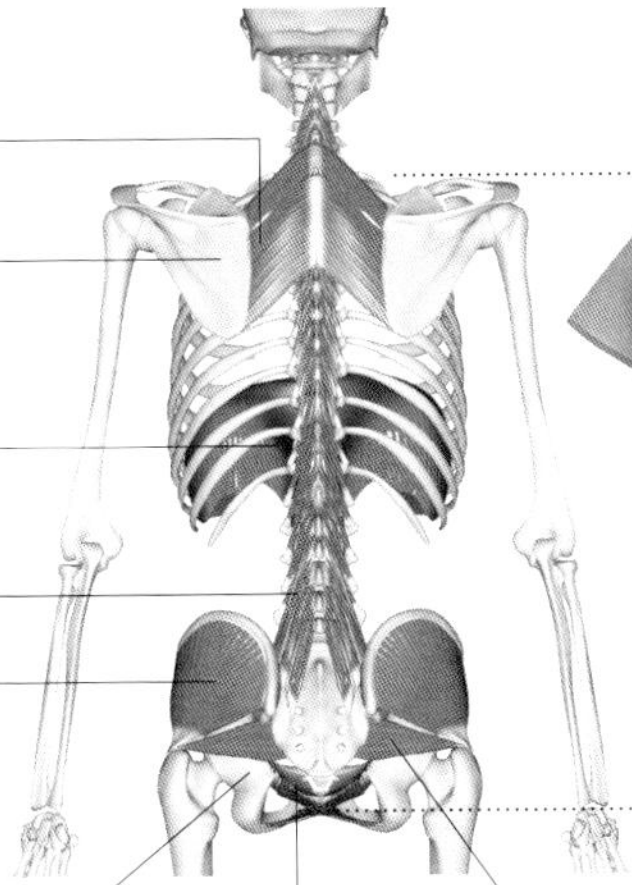

骨盤はカラダの受け皿

日本人のカラダはゆがんでいる、とお話するいちばんの根源は「骨盤」です。骨盤は前後に倒れやすく、そのおかげで転んだときに上手に身を守って大事にいたらないですむのですが、このよく動く特徴から、安定しにくく、少しのゆがみがカラダの機能に大きく影響を及ぼしています。

そして、そんな骨盤を安定させるために、下から支えているのが「骨盤底筋」。受け皿のような形と役割を持ち合わせます。

骨盤は、1日のリズムに合わせて開閉します。朝は閉じて、交感神経にスイッチON。交感神経は、活動と緊張を司り、「がんばろう！」と元気にパワーアップさせる神経です。そのおかげで日中は活動量が増す。そしてスイッチが入ってから12時間かけて、骨盤はゆっくり開き、スイッチの切り替えが行われます。たとえば朝6時に起きたとしたら12時間後の夜6時ごろ、スイッチは、交感神経から、やすらぎと休養を司る副交感神経へ。食べたものの分解・消化・吸収が行われるのも、この副交感神経の働きです。そして、夜寝ているあいだにまた骨盤は閉じ、朝を迎える……。このリズムが「概日リズム」です。これに合わせてカラダの流れを整えると、ダイエットはもちろん、パフォーマンスは上がるのですが、まずは、骨盤の役割を覚えておいてください。

そしてそんな骨盤も、正しく機能していないのが問題です。だから、やせない！
現代人の骨盤は開きっぱなし！　すると骨盤は前傾になり、それをカバーしつつ全身のバランスをとるために、カラダはどんどんゆがんで、ゆるんでしまう。やる気が出なかったり、慢性的に「疲れた～」と思うのも、骨盤の開きの悪影響です。下半身の筋肉にも力が入らないので、インナーマッスルは使えません。神経のスイッチも切り替わらず、概日リズムのサイクルがとれなくなる……。ああ、マイナスのスパイラル地獄！　内臓力は落ちるいっぽうで、これでは、まったくやせません。

骨盤底筋群を鍛えて、きちんと機能させる↓骨盤を安定させる↓
体幹を機能させる↓内臓を動かす↓基礎代謝をアップさせる↓やせる！

このように、正しい機能を取り戻させるのが「ももクロゲッタマン体操」です。

「タレツキン」は「多裂筋」。別名「美姿勢筋」

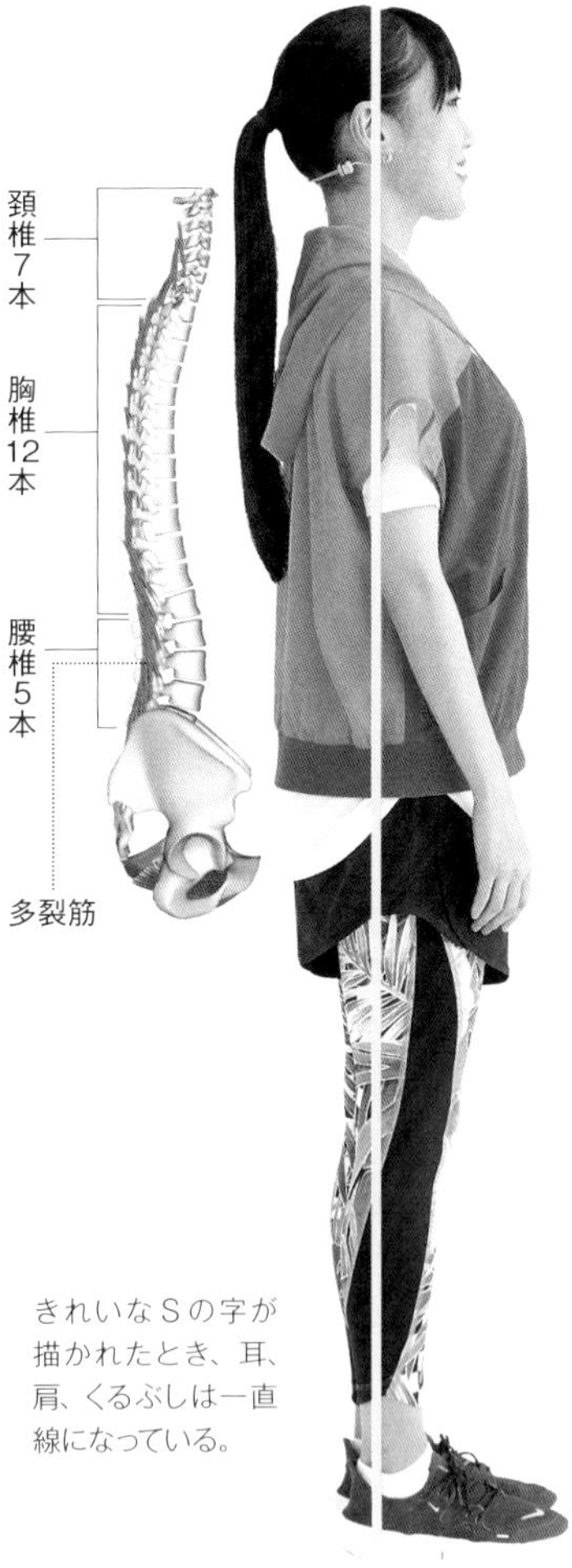

きれいなSの字が描かれたとき、耳、肩、くるぶしは一直線になっている。

タレツキン、たれつきん、多裂筋。はじめて聞く〝音〟かもしれませんね。これもじつはインナーマッスルで、姿勢保持筋、美姿勢筋とも言われます。それは、背骨をサポートするように、背骨にぴったり沿って走っているから。そして、骨盤を引き上げて骨盤を安定させ、内臓を支える役目があります。

でも問題は、この筋肉が硬く、過緊張状態にあることです。カラダのゆがみと内臓力の低下から動きが悪く、ゆがんだ状態で固まってしまったため。これをほぐして美姿勢にすると当時に、内臓力を復活させましょう。

背骨の構造を見てください。背骨は上から、頚椎7本、胸椎12本、腰椎5本の骨からなります。首はぐるぐるまわり、腰は前後左右に動き、ひねることもできるので、頚椎、腰椎は動かしてコリをほぐすことはできます。でも胸椎は、肋骨が鳥かごのように内臓を覆って、大事な内臓を守っているため、動きがとりにくくなっています。

その背骨にぴったりくっついているのが多裂筋。背骨同様に、首部分、腰部分にくっついた多裂筋はある程度動いてリラックス感も得られますが、胸椎にくっついた多裂筋は動きがほぼなく、固まった状態です。さらに内臓力が落ちて内臓の動きが悪いために、多裂筋はさらに動かなくなっています。

また、背骨の両脇に平行して走る「脊柱《せきちゅう》起《き》立筋《りつきん》」というアウターマッスルがあり、それによって姿勢が保たれていると、いままでは言われてきました。けれど近年の研究では、カラダのゆがみから脊柱起立筋が伸び縮みし、美姿勢保持のために働かなくなっていることがわかりました。とくに右利きの人は右側を酷使するので、右の筋肉が短縮してしまい、右へのゆがみがひどくなります。その負担が多裂筋にのしかかり、内臓を支えるという本来の役割を果たせなくなっています。

リンパに溜まり続けるゴミも、やせない要因！

「リンパ」や「リンパケア」という言葉もよく耳にすると思います。本書でも70ページにリンパケアの仕方を明記しています。というのも、とにかく最初にこれをしておくほうが、やせやすいからです。

リンパはよく、ゴミ箱に例えられます。リンパにはリンパ管とリンパ節があり、前者はゴミが流れる通路で、全身に網の目のように広がっているもの。後者はリンパ管の合流地点で、ゴミ処理場の役目を担います。全身に６００個ありますが、そのうちの半分、３００個が胸から上に集まっている。とくに、脇の下にある「腋窩《えきか》リンパ」、首の「頚部リンパ」、後頭部の「後頭部リンパ」はあたかも巨大なゴミ処理場です。

つまり、リンパをケアするということは、ゴミ掃除をするのと同じです。通路や処理場に古いゴミが溜まったままでは、新たに運ばれてきたゴミは処理されず、溜まり続けるばかりです。通路はゴミで詰まってしまい、処理場は稼働しても稼働しても間に合わない。ゴミは腐り、悪臭を漂わせるようになるかもしれません。こんな汚いものがカラダの中を支配しているなんて！　想像しただけでも、カラダが劣化（つまり、老化）して、血液が濁っていく感じがするでしょう？

リンパに流されるゴミは、余分な脂肪やたんぱく質、そして、１年に４kgもの量を摂取しているといわれる食品添加物などです。コンビニ食やファストフードに多く含まれる食品添加物が１年に４kgもカラダに入っているって、ご存じでしたか？　そして、それはゴミ（老廃物）になるだけ！

そんなゴミの処理には、カラダの中にある「酵素」がお手伝いをします。人のカラダには２万種以上の酵素があり、それらは優先的に「消化」にあたり、「代謝」はその次の働きです。ですが、大量の化学由来のゴミは手ごわく、カラダにとってはまさに毒。それを処理し、除去するには、酵素に代謝ではなく、「解毒」のために働いてもらわなければなりません。代謝酵素は脂肪燃焼を促す酵素なのに……。代謝に酵素をいっこうに回せないということは、

代謝酵素が少ない↓脂肪を燃焼させる酵素が少ない↓脂肪が燃えない↓やせない

ということ。言い換えれば、リンパを流すことは、カラダの老廃物をなくすと同時に、

代謝酵素を正常に働かせて、脂肪を燃焼しやすいカラダに導く、ということです。

もう少し、リンパの特徴についてお話ししましょう。

ゴミは、リンパ管・リンパ節の中を流れるリンパ液に乗って流されるのですが、リンパ液は非常にゆっくりとしたスピードで全身をめぐるため、筋肉を動かさなければ、すぐに流れが滞ってしまいます。血液が30〜60秒で全身をひとめぐりするのに対し、リンパ液は12〜24時間もかかります。流れが遅いとはつまり、流れが悪いということで、老廃物を抱えている時間が長くなり、それが冷えやむくみ・くすみ・鼻づまり・花粉症などの粘膜系の不調などを引き起こします。この不具合を改善するには……、

リンパを刺激し、ゴミが流れやすくする↓インナーマッスルを刺激しながら、内臓力を復活させる↓呼吸をしやすくし、カラダの滞りをなくす

この構図が大事になります。これは、いままでお話ししている「ももクロゲッタマン体操」の「規格外」の理念そのもの。やせること、健康になることは「内臓力」「呼吸力」「インナーマッスル」が基本。それを円滑に行うために、リンパケアがあるのです。

現代病のもと「糖化」の災い

「糖化」は、現代人の不調、老化の源として注目されている要因です。
現在日本では、50年前には推定十数万人だった糖尿病の患者が、予備群を合わせて２０００万人にも増加しています。食事をとった際、ジェットコースター並みに血糖値が一気に上がって一気に下がることを繰り返すのに付随して、血糖値をコントロールする「インスリン」の出方も一気に上下。それによって内臓が疲弊、代謝も下がることが原因のひとつです。またもや「内臓の疲弊」による悪影響！　そして、これには「糖化」も関与しています。

糖化は、「カラダの焦げ」といわれ、老化を早める要因です。体内に入った余分な糖分がカラダのたんぱく質とくっついてＡＧＥ（終末糖化産物）を作り、正常に動いていた細胞を攻撃して炎症を引き起こします。それによってコラーゲン線維を老化させてしまうと、肌のハリやツヤはなくなり、しわやたるみのもとになります。

これを防ぐためにも、内臓力を高め、阻止できる力を養うことは大切なことです。

「酸化」が起こすカラダのマイナス

酸化とはいわば「カラダのさび」です。体内に溜まった活性酸素により、カラダが酸性化してしまうことです。その第一の原因は、「血流が悪い」から。

全身を流れる血管の長さは10万km、地球2周半分といわれます。血管の名前では「動脈」「静脈」をよく聞くでしょう。動脈は、心臓から全身の細胞に酸素を送り出す血管で、余った水分や老廃物を心臓に戻すのが静脈です。でもこれらは全血管中のたったの３％。残り97％、９万７０００kmの血管は「毛細血管」で、カラダの隅々、手や足先まである60兆個もの細胞にまで、編み目のようにつながっています。

それらを通って、血液中の赤血球が酸素や栄養を全細胞に届けるのですが、現代人はこれがまたうまくいかない！　よく「血液サラサラ」と言うでしょう。それは赤血球がひとつひとつしっかり働いて、全身の細胞に酸素と栄養を届けられていること。けれど現代人のカラダは食品添加物なども摂取し、老廃物も溜まりすぎているせいで、赤血球は複数個くっついて巨大化し、血管内をスムーズに動けない。するともちろん、酸素や栄養をもらえない細胞が出てくるわけで、ここで活性酸素が発生。人のカラダは弱アルカリ性を保つ機能が備わっているはずなのに、活性酸素が増加しすぎて、酸性に傾いてしまうのです。

ちょっと難しいですね。でももう少し、お話しさせてください。

腸が酸性になると、１００兆個いるといわれる腸内細菌のバランスが崩れます。正常なら善玉菌２に対し、悪玉菌１、日和見菌７がベストと言われますが、バランスが崩れると悪玉菌が有利に。すると、腸で生産されるはずの幸せホルモン「セロトニン」は生産不能になり、「短鎖脂肪酸」といって、消化液を生産し、脂肪燃焼・血糖値コントロールに役立つ物質や、インスリン分泌を正常に働かせる「インクレチン」、女性の健康と美に働く「エクオール」という成分も作られなくなります。アレルギーやぜんそくなどがひどくなるのもこのせいと言われます。

また、カラダを構成する60兆個の細胞は本来、１日に１兆個ずつ再生し、胃腸は５日、味蕾《みらい》は10日、肌・心臓は28日、肝臓と筋肉は２か月、骨は３か月で新しい細胞に変わるといわれます。ですが酸化によってサイクルが鈍化すると、細胞はいつまでも古いまま。これが「老化」です。酸化がなぜいけないか、わかったでしょう？

内臓力の低下は、肥満＆万病のもと！

なぜ「ももクロゲッタマン体操」が規格外なのか、ご理解いただけましたか。内臓の働きがこれほど人の美と健康に関わっているとは、思いもしなかったでしょう。

内臓について、ここでおさらいしておきます。

○基礎代謝を上げるには、内臓力を高めるのが最適。
○内臓力が回復（内臓力アップ）すると、呼吸が深くなる（呼吸力アップ）。
○インナーマッスルが使えるようになる。
○リンパが流れやすくなる。
○骨盤が安定し、美姿勢になる。
○酸化、糖化の悪影響を抑え、健康になる。
○やせる！

さらに、内臓は食事とも密接な関わりがあります。それについては、56ページ、Ｃｈａｐｔｅｒ３にてお話しします。

Kanako Momota

美しく、しなやかに！

ももクロゲッタマン体操 完全脂肪燃焼エクササイズ

Chapter 2

１日５分、さあ、実践！
「内臓」「呼吸」「インナーマッスル」を
同時に刺激できるのが、これから紹介する
４つの「ももクロゲッタマン体操」。
「簡単そう！」なんて思うかもしれませんが、
なかなかこれが、ハードなのです。
実際、ももクロの４人も数回やっただけで
「熱くなってきた」
「カラダがポカポカしてきた」と
声を発したくらい。それほど
「シンプル（簡単で）」で、
「クリア（わかりやすく）」、
「ボールド（奥深い）」です。

ももクロゲッタマン体操

完全脂肪燃焼エクササイズ

01

インナーマッスル全体に刺激を与える

骨盤のゆがみ改善　内臓力アップ　呼吸力アップ
美脚　脂肪燃焼　くびれ　背中まわり

骨盤のゆがみを整えながら、強烈全身エクササイズ

脚をクロスして行います。太ももをクロスしてしゃがむと、インナーマッスルである骨盤底筋をピンポイントで刺激し、お尻にある「中臀筋《ちゅうでんきん》」「梨状筋《りじょうきん》」の癒着をほぐすことができます（筋膜リリース）。

右足を前に出すか、左足かで、やりやすさは違うと思います。それはご自身のカラダのくせもあり、中臀筋や梨状筋の筋膜の癒着の強さが原因です。ただ、癒着の強いほうをより刺激するのではありません。左右をバランスよく行うこと！　左右差をなくしましょう。

同時に、腕を後ろに引くことで肩甲骨を動かし、インナーマッスルである「菱形筋《りょうけいきん》」を刺激。さらに点在する褐色脂肪細胞に刺激を与えます。胸郭まわりが広がり、呼吸が深くなる。お腹を引っ込めて行うことで、腹横筋に刺激を加え、くびれも期待できます。

基本姿勢

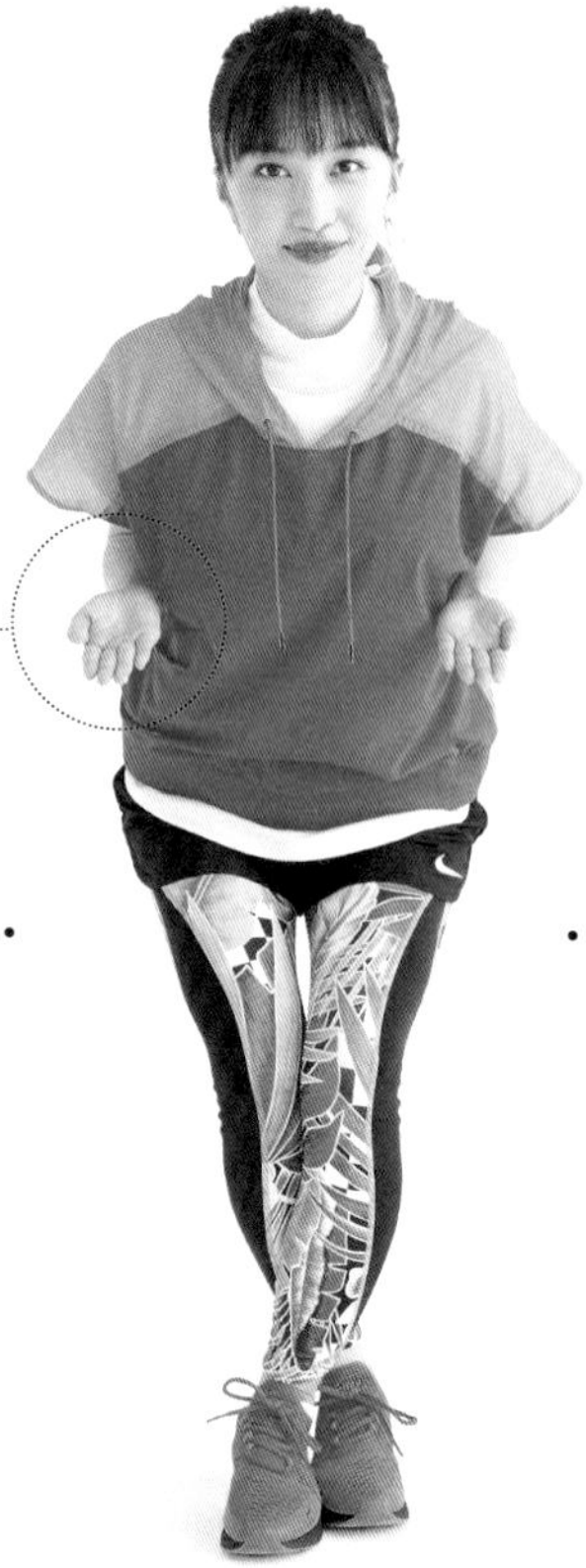

手首を返し、手のひらを上に向ける。

1

お腹は引っ込めたまま（ドローイン）息を**吐き**、下半身を、イスに座るように下げてスクワット。

同時に、肩甲骨を寄せて、ひじをまっすぐ後ろに引く。

このとき、手首を回して、手のひらを上に向ける。

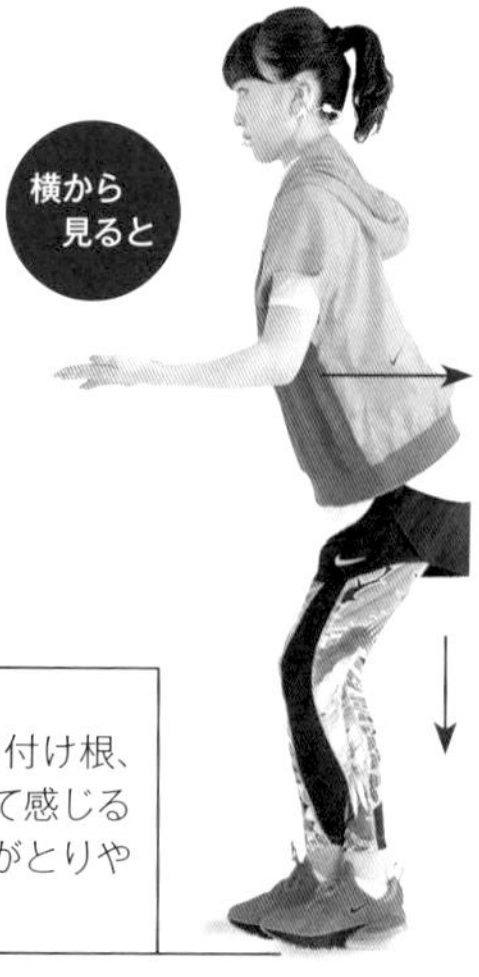

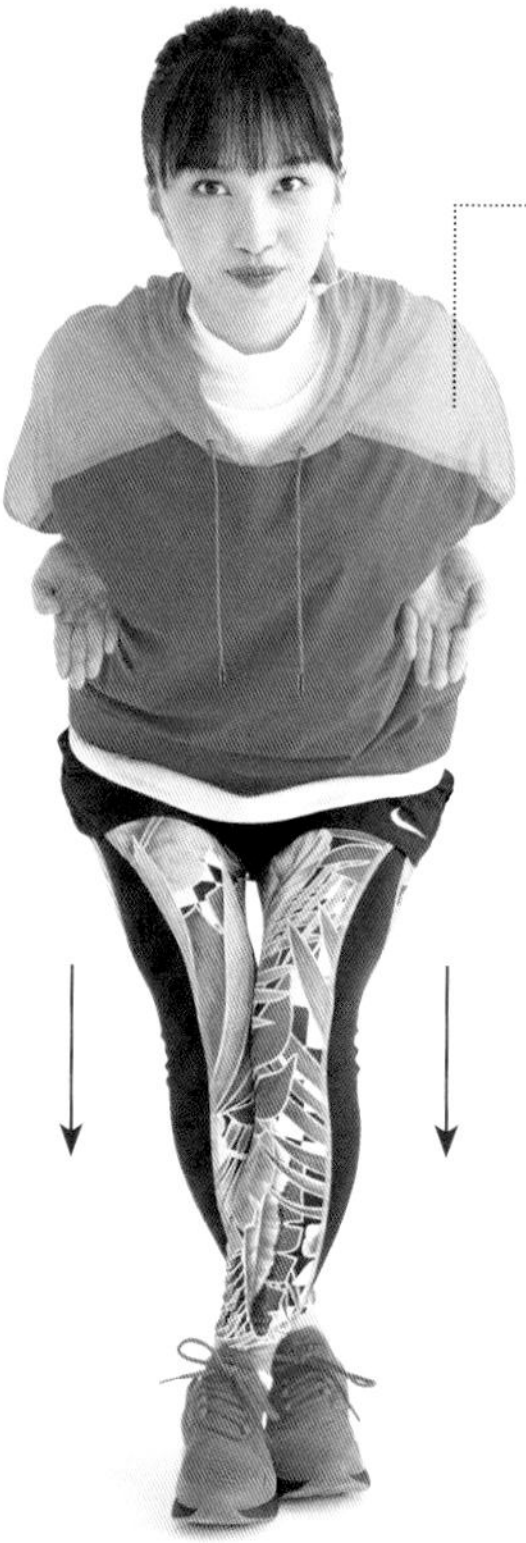

脇はしめる。

2

ひざとヒップラインが平行になるまでしゃがむ。

ひじはもっと後ろまで引く。

腕が下がらないように。

ももを閉じて、お腹は引っ込めたまま（ドローイン）。

Point
足の裏は、親指と小指の付け根、かかとの三角形を意識して感じるとラク。全身のバランスがとりやすくなる。

横から
見ると

3

お腹は引っ込めたまま（ドローイン）、息を**吸い**ながらゆっくり【基本姿勢】に戻る。

なるべくひざが前に
出ないように！

ももはしっかり閉じて。

目安
これを 10 回！
5回したら、脚を
組み替えて
さらに5回

ももクロゲッタマン体操

完全脂肪燃焼エクササイズ

02

美姿勢＆内臓の保持に効果！

骨盤のゆがみ改善　美脚　くびれ　内臓力アップ　脂肪燃焼　深呼吸（呼吸力アップ）

O脚、前ももが張っている人におすすめ。脂肪を除去し、美しいラインを作る

じつは、いちばん汗をかくのがこのエクササイズです。両足首、両ひざをくっつけて行うので、自然と脚の内側の「内転筋《ないてんきん》」がきちんと固まり、4つの中では、最高に下半身全体への刺激が大きいのです。

これをO脚の人がするとかなりキツイ！　日本人の約7割は骨盤が前傾しているとされ、骨盤が開きっぱなし。これがO脚を引き起こします。骨盤は本来、朝起きたときに閉じていて、12時間かけてゆっくり開いていきます。閉じているときには、「がんばるぞ！」と気合が入る交感神経にスイッチが入り、その12時間後の夜には骨盤が開き、副交感神経にスイッチが切り替わります。

この開いたり閉じたりの動きが体内リズムのバランスを整えるのですが、O脚の人のようにいつも開きっぱなしでは、骨盤の動きが制限され

て、下半身の筋肉が使えない状態にあるということ。つまりは、体幹、インナーマッスルが使えません。

それをそのままにしておくと、足の前側、とくにひざ下の前ばかりを使いがちになるので、前太ももはごつくて太くなるいっぽう！　そしてそこに脂肪が乗って……。通常の脂肪ならいいですが、脂肪がセルライトになってしまいます。つまりその足は、ゴミと脂肪が溜め込まれたゴミ屋敷状態！　除去したくても、ここまでくるとガッチリ固まってしまって、動きがとれないものです。そんな人にはぜひしていただきたい！

また、手のひらを外側に向けて開きながら肩甲骨を寄せることで、呼吸を司る「肋間筋（肋骨にある筋肉）」や「肩甲骨筋群」にアプローチします。胸を張って行うことで、胸郭ライン、デコルテラインを美しく整え、美姿勢筋といわれる「多裂筋」にも作用。お腹を引っ込めることで、腹横筋にも効いて呼吸もしやすくなり、ヒップラインをなるべく後ろにすることで、骨盤底筋にも刺激を与える。いいことずくめなのです。

手首を返し、手のひらを外側に向ける。

1

お腹は引っ込めたまま（ドローイン）息を**吐き**、下半身を、イスに座るように下げてスクワット。
同時に、肩甲骨を寄せて、ひじをまっすぐ後ろに引く。
このとき、手首を回して、手のひらを外側に向ける。

両腕は前に伸ばし、手のひらを合わせる。

ゆっくりお腹を引っ込める（ドローイン）。

横から見ると

脚はそろえて「気をつけ」の姿勢に。

基本姿勢

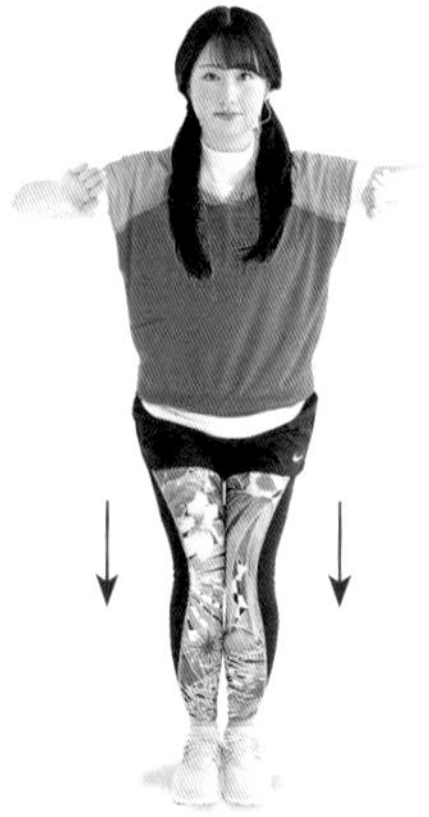

前から見ると

目安

これを 10 回！

3

お腹は引っ込めたまま（ドローイン）、息を**吸い**ながらゆっくり【基本姿勢】に戻る。

2

ひざとヒップラインが平行になるまでしゃがむ。
ひじはもっと後ろまで引く。
ももを閉じて、お腹は引っ込めたまま（ドローイン）。

なるべくひざが
前に出ないように！

ももは
しっかり
閉じて。

ももクロゲッタマン体操

完全脂肪燃焼エクササイズ

骨格と呼吸をダイナミックに整える

03

骨盤のゆがみ改善　美脚　脇腹のくびれ　内臓力アップ　深呼吸（呼吸力アップ）　美姿勢

股関節と体側、お腹まわりの筋肉をぐっと引き上げ、強化する

このエクササイズは、股関節と体側まわりをターゲットにしています。脚をワイドに開くのが特徴で、「ワイドに開く」とは、股関節周辺筋群にとって、通常とはまったく異なる動き。あえてそれをすることにより刺激を与えるようにします。

股関節まわりには、骨盤底筋に加えて大切な筋肉、「腸腰筋」があります。これは、足を持ち上げる筋肉で、年齢とともに筋力が低下していきます。とくに日本人は、欧米人に比べると腸腰筋が小さい。短距離走を例に出すとわかりやすいですね。１００ｍでなかなか10秒を切るランナーが出てこなかったのは、腸腰筋が小さくて、足を引き上げる力が弱かったからです（とはいえ、最近は10秒を切る選手が出てきたのは、腸腰筋を強化するトレーニングの賜物でしょう）。

そのため、余計に骨盤が前傾後傾しやすいのです。

さらに、年齢とともに腸腰筋は弱まるため、小さな段差でも足を引き上げられなくて、角に引っかかったり、ひどくなると、転んで大腿骨を骨折して寝たきりになってしまったり。そのようなことを予防するためにも、このエクササイズがおすすめです。

そしてもう１つの特徴は、「ブレイシング」です。これは、お腹をふくらませるのではなく、おへそを立てて、お腹全体に力を入れるトレーニング法。パフォーマンスアップのワザですが、「お腹を立てて、固める」といった動きは、お腹の４つの筋肉（外腹斜筋、内腹斜筋、腹横筋、横隔膜）に力が入ります。

やり方は「息を吸い込む」イメージです。この姿勢で手をまわすと、肩甲骨まわり、体側まわりに効いてきます。胸が広がるので、横隔膜が上下する動きがスムーズになり、呼吸もしやすくなります。

基本姿勢

大きくゆったりとした呼吸を意識する。

おへそは立ててまっすぐ前に向けて、お腹は固めるイメージで（ブレイシング）。

もう一方の腕を下に伸ばし、手の甲を内側に向ける。

片足を一歩前に大きく出してひざを曲げ、同じ側の手（右足を前に出したら右手）を曲げたひざの上にのせる。

1

伸ばした手を、小指からリードしながら、頭上まで上げる。

目安
これを10回！
5回したら、脚と腕を
入れ替えて
さらに5回

頂上まできたら、
外側に向いていた
手のひらを内側に
向ける。

Point
指先から肩・背中を通り、
ヒップ、足先までのライン
をきれいに伸ばすイメージ
を意識して。体側が伸びる。

前から見ると

2

頭上まで上げたら、
そこで3秒キープ。

3

腕を親指からリードするイメージで、後ろまでまわし、
【基本姿勢】に戻る。

ももクロゲッタマン体操 完全脂肪燃焼エクササイズ

04

癒やしながら、美姿勢に

美姿勢　むくみ・たるみ・くすみ改善　内臓力アップ　呼吸力アップ　骨盤のゆがみ改善

背中とデコルテラインを刺激し、美姿勢の源をしなやかに

最後は、4つの中では静的な、癒やしのエクササイズです。副交感神経のスイッチを入れながら、胸郭まわりのデコルテラインを美しく際立たせて呼吸を深め、上半身のリンパをスムーズに流す効果があります。脇の下にある腋窩のリンパ、首（頚部）のリンパ、後頭部のリンパの3つが同時に刺激され、顔のむくみ、くすみの改善が期待できます。リンパが開くのをイメージしながらするといいです。

首からつながる「肩甲挙筋《けんこうきょきん》」や「胸鎖乳突筋《きょうさにゅうとつきん》」をゆるめる効果もあるので、日頃スマホばかり触ってしまうスマホ症候群の人や、猫背、肩こり、首こりの人などにもおすすめです。

ここで、美姿勢についてお話ししておきましょう。

背中の骨の数を覚えていますか。26ページでお話ししましたね。頸椎7本、胸椎12本、腰椎5本の計24本からなり、それが骨盤の上に乗っかっています。これらがきれいに「S」の字を描いているのが「美姿勢」です。すると、約4kgもある頭が上に乗っていても、首から下の骨全部で頭を支えられるので、肩こりなどは起こりません。

ですが、スマホ症候群や、デスクワークでパソコンばかりという生活では、肩が前に入り込んで、頭の重みを首だけで支えることになってしまいます。すると、首こり、肩こりはもちろん、姿勢はどんどん猫背になり、胸は押しつぶされて呼吸が浅くなり、内臓も圧迫されて基礎代謝が下がり、脂肪は燃焼されなくなる……。最悪の悪循環！

脂肪を燃焼させて、美しくダイエットするためにも、美姿勢がいかに大事かおわかりいただけましたか。そのための、No・4です。

基本姿勢

前に出した側の足と同じ側の腕を上に、腕もクロスする。手のひらは内側を向ける。

ももをクロスする。

1

足は動かさない。
両腕を伸ばしたまま、
小指からリードして
上げる。

2

頭上まで上げる。
腕が耳のところまで
きたら、手のひらを
返して外側に向ける。

手のひらは外側に向ける。

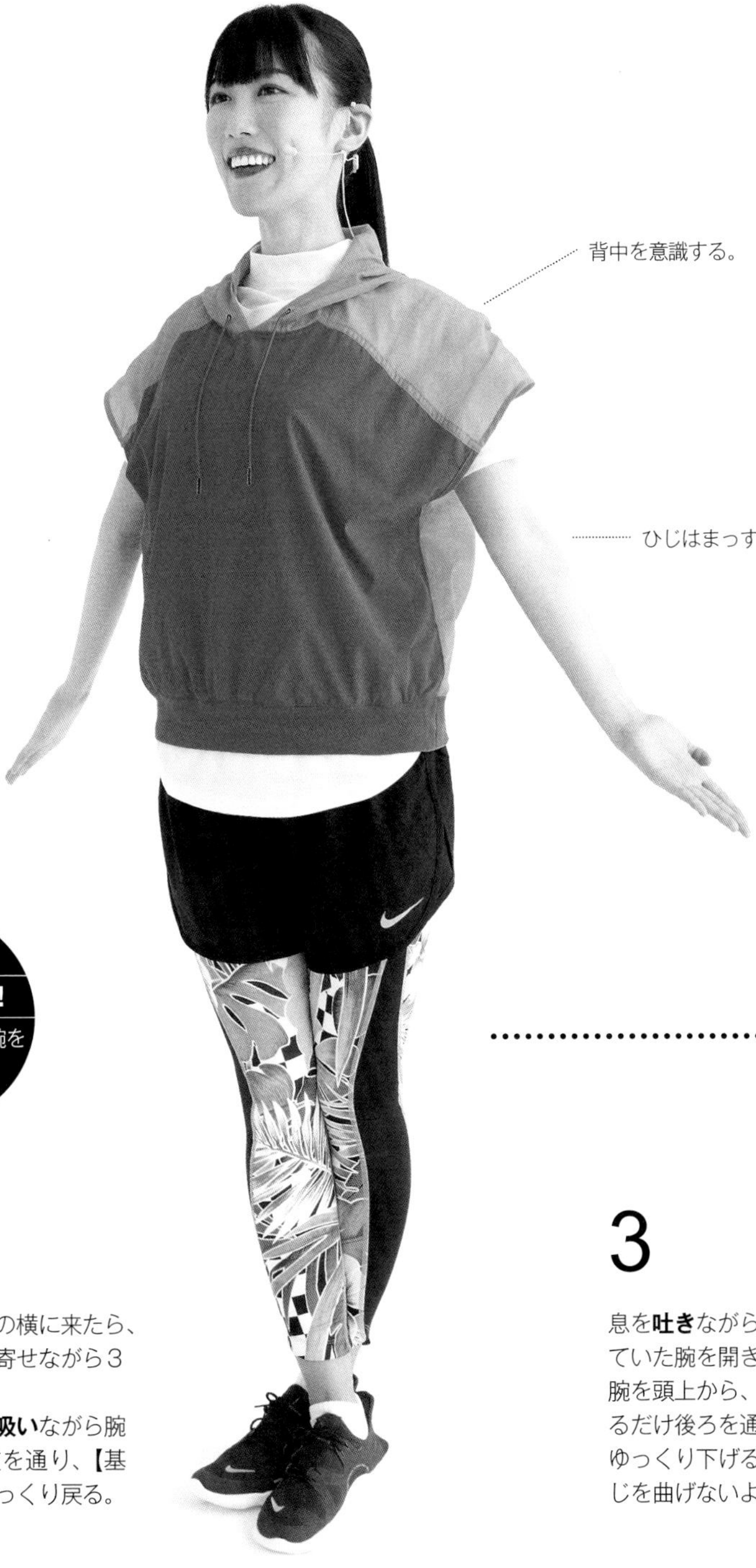

目安

これを10回！

5回したら、脚と腕を入れ替えてさらに5回

3

息を**吐き**ながら重ねていた腕を開き、両腕を頭上から、できるだけ後ろを通ってゆっくり下げる。ひじを曲げないように。

4

両腕がカラダの横に来たら、肩甲骨を引き寄せながら３秒キープ。
その後、息を**吸い**ながら腕が描いた軌道を通り、【基本姿勢】にゆっくり戻る。

Shiori Tamai

Reni Takagi

概日リズムを取り入れた カラダ＆ココロメソッド

「概日リズム」を
ここでしっかりお伝えしましょう。
私たちのカラダが本来もつ「リズム」のこと。
このリズムで毎日を過ごすと
交感神経・副交感神経のスイッチを
切り替えやすくなり、
内臓は活性化。適正体重を保ちやすくなります。
ももクロゲッタマン体操に加えて、
生活リズムの改善のために
取り入れてみてください。

Chapter 3

カラダのセンサーを研ぎすませる

いま私は、ハワイの方々１４２万人の健康サポートも仕事にしていますが、おかげで、日本人の内臓の弱さが顕著にわかりました。現代の食生活、ライフスタイルの変化に日本人の内臓がついていけず疲弊していることは、前半でお話ししたとおり。その影響はやせにくいばかりか、疲れやすい、気分が上がらないなど、あらゆる不協和音へと及びます。交感神経・副交感神経のスイッチの切り替えができていないのです。

スイッチの切り替えを上手にするためには、自分のカラダ・内臓の変化に目を向け、センサーを磨くことです。そして、その磨き方こそ「ももクロゲッタマン体操」。そして、次ページからお話しする「概日リズム」に合った食事法です。

ダイエットとは往々にして「やせること」と思われがちですが、本来は「日常の食べ方」「食事療法」という意味があります。概日リズムはまさにこれ。概日リズムを活用してカラダが整うと、自分に合った適正体重を見つけることができるようになり、もし体重が増えたとしても、もとに戻しやすくなるはずです。

概日リズムに合った食生活へ、改善を

「概日リズム」は、1日24時間は3つの時間に分けられると考えます。「排泄」「摂取」「吸収」の時間の3つです。たとえば朝6時に起きる人なら、起きてから昼12時までは「排泄の時間」にあたり、昼の12時から20時までは「摂取の時間」、それ以降、起床までは、「吸収の時間」という具合。

これが、本来人間に備わっている、本能のリズムです。

ですが再三お伝えしているように、現代人の多くは悪のスパイラルにはまっているため、本能の働きも悪い。それを復活させるために、概日リズムに合った食生活が必要なのです。

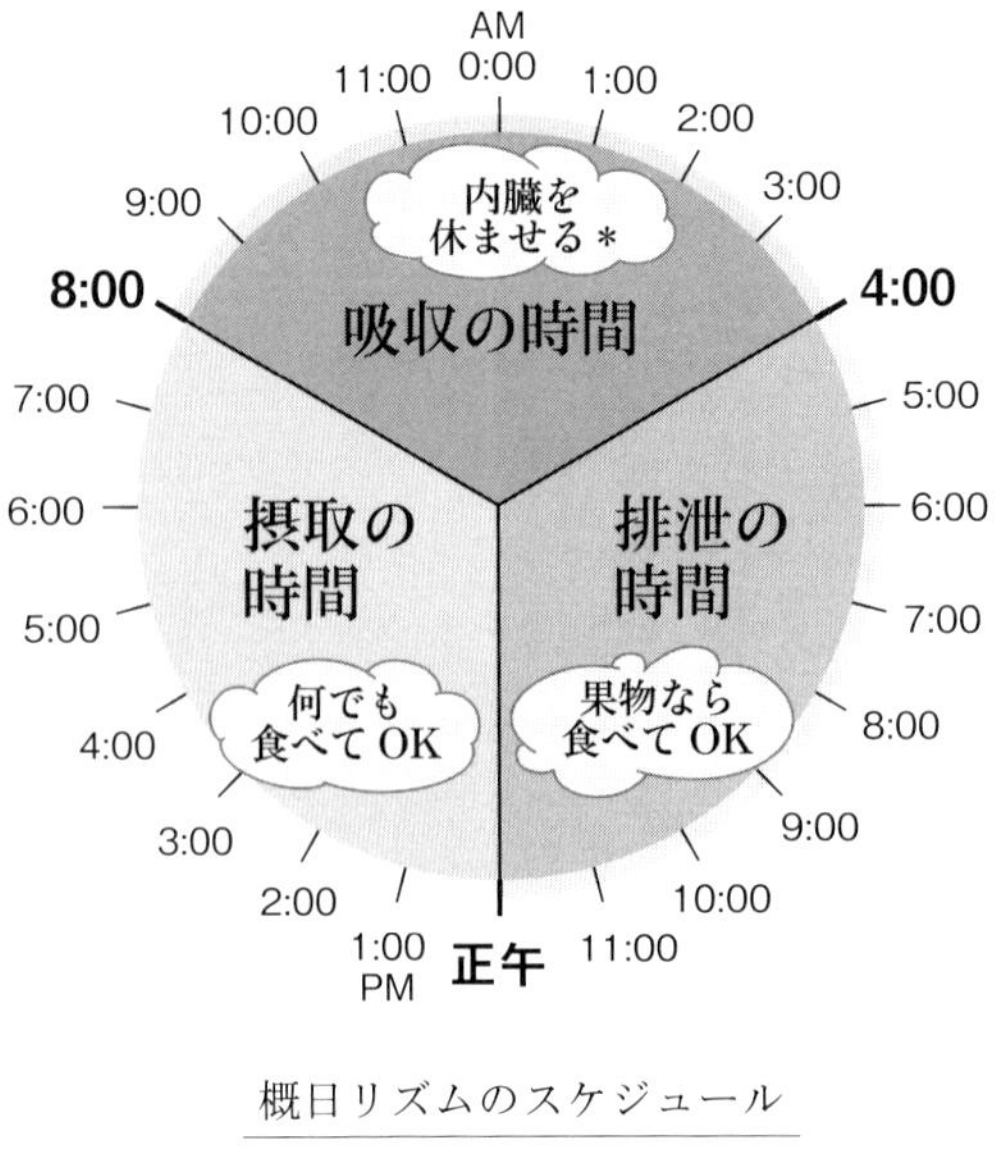

概日リズムのスケジュール

排泄の時間：カラダの中に発生した毒素を体外に出し、内臓を休ませる時間。
朝ご飯には果物を。
免疫力を上げるならバナナ、便秘がちな人はリンゴでもいい。

摂取の時間：好きなものを好きなだけ食べていい！
ただし、炭水化物、脂肪、タンパク質をバランスよくとること。
炭水化物はいも類、玄米、全粒粉などの、複合性のものを。

吸収の時間：「摂取の時間」に摂取した食べ物を分解・消化・吸収する時間。
ココロとカラダをゆったりさせる副交感神経を働かせ、
自己浄化力、自己治癒力を高める。細胞の休養、修復を行う。
消化酵素の働きを優先し、内臓の動きが円滑に進むように促す。
内臓をリセット。

＊「内臓を休ませる」ためには「食べない」のが理想ですが、もしこの時間にお腹がすいたら果物を。果物なら30分で消化できるので、内臓への負担が少ない。ちなみに、他の食品の消化にかかる時間は、炭水化物なら3時間、肉や乳製品なら4時間と長い。

フルーツ効果で、健康的にやせるカラダ！

ダイエットをするなら、「朝ご飯はしっかり食べて、昼以降は少なくすること」と長いあいだ言われてきました。そのリズムを毎日保ち、カラダや内臓がすでに適応しているなら、それを続けていってください。けれどその習慣のない人は、朝食を果物にしてみてください。とくにバナナ。便秘がちで、腸内環境が悪い人はリンゴもおすすめです。

バナナがおすすめの理由は、「食物酵素・トリプトファン・カリウムを豊富に含む」ことにあります。

人のカラダにある酵素の、消化・代謝・解毒の役目については、29ページでお話ししましたね。さらにいうと、酵素は消化液に含まれ、消化液は１日に５００㎖のペットボトル14本分、計７ℓ使用するといわれています。現代のストレスによる過食、食品添加物の多い食事などにより内臓は疲弊し、酵素は消化・解毒にばかり使われているのが現状です。それを改善して、きちんと「代謝」のために活用する、脂肪分解の働きができるようにする——そのお手伝いをしてくれるのが「食物酵素」。さらにそれを効率よく進めるために、朝の「排出の時間」を使うのです。バナナなら、体内に入って30分で消化するので、余分な消化液を使わなくてすみ、その分代謝にまわせます。同時に、胃への負担が少ないので、内臓を休めることもできますね。

免疫力アップに威力を発揮する必須アミノ酸「トリプトファン」は、朝摂取するといっそうの効果が期待できます。必須アミノ酸は体内では合成できないため食物からとるしかなく、トリプトファンはその一種。朝カラダにとり入れることで日中にセロトニン（幸せホルモン）が増加し、ココロの安定をもたらします。

カリウムは筋肉の痙攣《けいれん》を抑え、こむら返りの防止になります。

またバナナは、果糖・ショ糖・ブドウ糖も多く含み、食後の血糖値をゆっくり上昇。これは、糖尿病予防や生活習慣病の予防に効果的です。

このように、あらゆる面から健康を見つめた末の果物、とくにバナナなのです。

カラダリセットは、ココロも、生き方も変える

概日リズムを取り入れて、カラダのリズムを正しく刻めるようになると、きっと身体意識が変わったことを実感できると思います。もし、微妙だな、と感じたら、フルーツデーを１、２日とり入れてみてください。

フルーツデーとは、１日フルーツだけを食べること。どれだけ食べても構いません。フルーツの食物酵素をカラダにとり入れることで、消化・解毒に使う酵素を代謝に活用するようにするのです。できれば１週間に１回実践するのがおすすめです。

カラダを構成する60兆個の細胞は、１日１兆個のスピードで新しい細胞に生まれ変わっています。骨細胞の再生にもっとも時間がかかり、それが約３か月。つまり、３か月でご自身の全身の細胞がスクラップ＆ビルドされている、というワケです。

ですが、内臓力が衰えて、内臓がうまく動いていないカラダでは、このスピードは変わってきます。とにかく、遅くなる！　１日１兆個の細胞が新しくコピーされなけ

ればならないのに、スピードが遅いため、１日のノルマが達成できずに古いままの細胞もかなり多い。また、ミスコピーされることも多くなり、これががん細胞です。

つまり、自分自身のカラダがもとで、自身の不定愁訴をつくっている！　皮肉な話ですね。これをまずリセットさせないと！

かつての日本では、江戸時代に貝原益軒が『養生訓』を記し、「腹八分目」などの健康法を説きました。『三銃士』や『王妃マルゴ』などを記した19世紀のフランスの作家、アレクサンドル・デュマは強靭な胃袋をもつ超美食家でもあったようで、「人は食物でできているのではない。消化された栄養素でできているのである」という言葉を残しています。時代や国は違えど、両者とも目的は、内臓を休めて、内臓の疲弊を回復させ、内臓力を高めること。ただし、過度な断食は体調をかえって悪くして支障をきたすうえ、リバウンドを引き起こすことになるので感心しません。「適度」が大事。フルーツデーで、ムリなく内臓を休めるくらいがちょうどいいのです。

ムリをしないでいると、ストレスはかかりません。ムリにするからイライラし、反動が生まれます。過度なダイエットはイライラを起こし、ストレスを生み、ココロにダメージを与えます。その反動はリバウンドという形で現れる……。これではダイエットの意味はありません。

内臓力を高めることは、人間がもっている本能です。本来もっている力を養えば、自分の気持ちとは関係なく機能するので、ムリをすることはありません。自然とカラダは適正体重に落ち着き、そのため、ココロも穏やかに。生活リズムも変わるということは、生きる時間も変わってきます。

私が「ヒューマンアーティスト」として活動できるのは、多くの人にこのメソッドをお伝えしているからです。全国のドームをいつも満員御礼にする超人気アーティストも、引退した日本最高の歌姫も、世界的な賞を受賞したパティシエも、そう。みなさんに本書でお伝えしている基本メソッドを伝授してきました。ただし、もっとタイトに過酷に追い込みますが、ね。

でも、考え方の基本は同じです。輝かしい未来を夢見て、「ももクロゲッタマン体操」に取り組んでみてください。

Ayaka Sasaki

Chapter 4

ゆとり時間にアプローチ

パーツ別 ももクロゲッタマン体操 エクササイズ

じつはこの「パーツ別」のエクササイズは、
たとえばオフィスでトイレに立ったときとか、
テレビを見ているときとか、
ちょっとしたゆとりの時間に〝ながら〟で

ちょこちょこするのにおすすめです。
これをすることで下地ができ、
寝る前や朝起きてから、36ページから紹介した
「ももクロゲッタマン体操」をすると
より効果が期待できます。
日頃の積み重ねが効いてくるので、こまめな実践を。

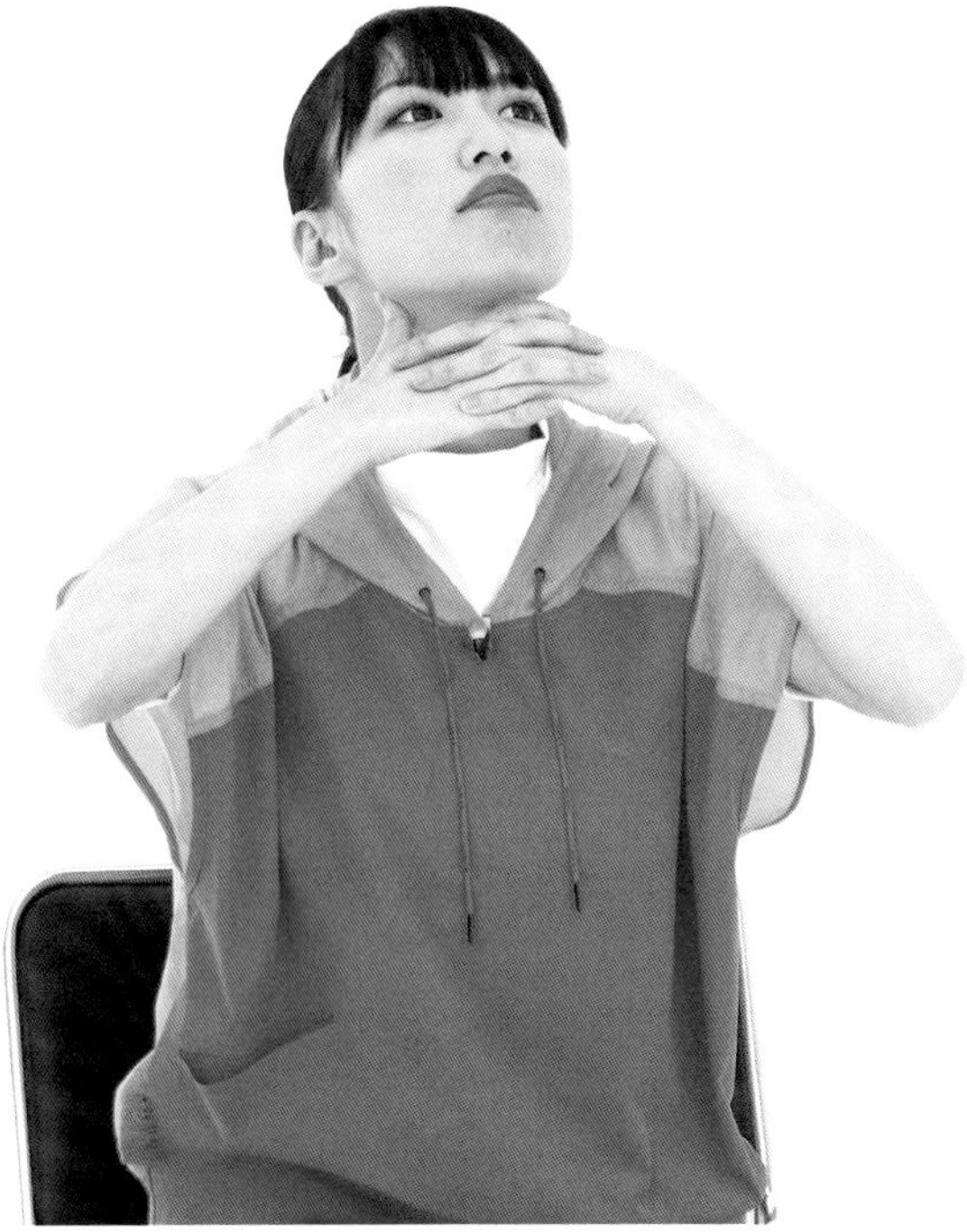

小顔

まずリンパを流して、エクササイズ効果をアップ。むくみ、たるみ、くすみも一気に解消！

小顔になりたい！　とは、多くの人が願うところでしょう。では「なぜ小顔にならないか」考えたことはありますか。骨格の問題でどうしようもない、という人もいるかもしれませんが、その骨格もじつは何かが影響している可能性があります。

それは、ゆがみ。「現代人のほとんどが〝ゆがんでいる〟」とは先にお伝えしました。たとえば荷物をバッグに収めるとき、きちんと整えて入れればちゃんと入るのに、いい加減にざざっと入れようとすると入りきらず、ファスナーが閉まらなかったという経験、あるでしょう。骨もそれと同じです。ゆがまずにきちんと組み合わさっていればコンパクトにまとまるのに、ゆがみが出てバラバラになっているから、かさが増してしまっている。そのうえ、こちらも前にお話ししましたが、全身のリンパ節の半数が上半身にあり、それらのゴミ処理場には1年に4kgもの食品添加物などのゴミが、パンパンに溜まっている状態です。さらに、ゴミが溜まっていると、ゴミ処理を最優

先し、「脂肪を燃やす」という役割には到底手がまわらない……。これでは、どう想像しても体積は膨張する。つまり、顔が大きくなる、というわけです。

これを解消するには、まずリンパの流れを整えて、ゴミを流しやすくすることが先決です。ゴミの堆積は、肩こりやむくみ、ちょっとした不定愁訴を誘い、顔について言えば、むくみはもちろん、くすみやたるみも引き起こします。リンパ節を広げてリンパを流すことでこれらが解消し、脂肪の分解能力を上げることができるのです。

老廃物を流して、脂肪燃焼を促進させましょう！

ももクロゲッタマン体操

下準備
リンパケア

＊リンパケアは、小顔にだけでなく、全身ケア、脂肪燃焼の基本になるものです。ゆとりの時間に、こまめに実践するのがおすすめです。

Point
これで、左右のセルフチェックが可能です。左右行って、左が凝っていると感じたらまだ初期、右が凝っていたら、慢性疲労の状態です。

Point
血液は心臓からカラダの左側を通って全身に行き渡り、右から心臓へ戻ります。そのためケアも、左からはじめます。

腋窩《えきか》リンパケア

1

右の手のひらを立てて左の鎖骨の下に置き、親指の付け根で、肩先に向かってトントントンと軽くたたく。右側も同様に行う。

2

手のひらを左の鎖骨の下に置き、肩先に向かってゆっくりとなでる。右側も同様に行う。

次の、頚部リンパケア
と後頭部リンパケアは、
指を組んで親指を立て
て行います。

頚部リンパケア

顔を上げて、両手の親指の腹
をあごの下に当て、親指を鎖
骨までゆっくりとなで下ろす。

Point
粘膜系の不調（目の眼精疲労、
口の唾液不足、鼻の副鼻腔炎
や花粉症）などを軽減するの
にも効果的。

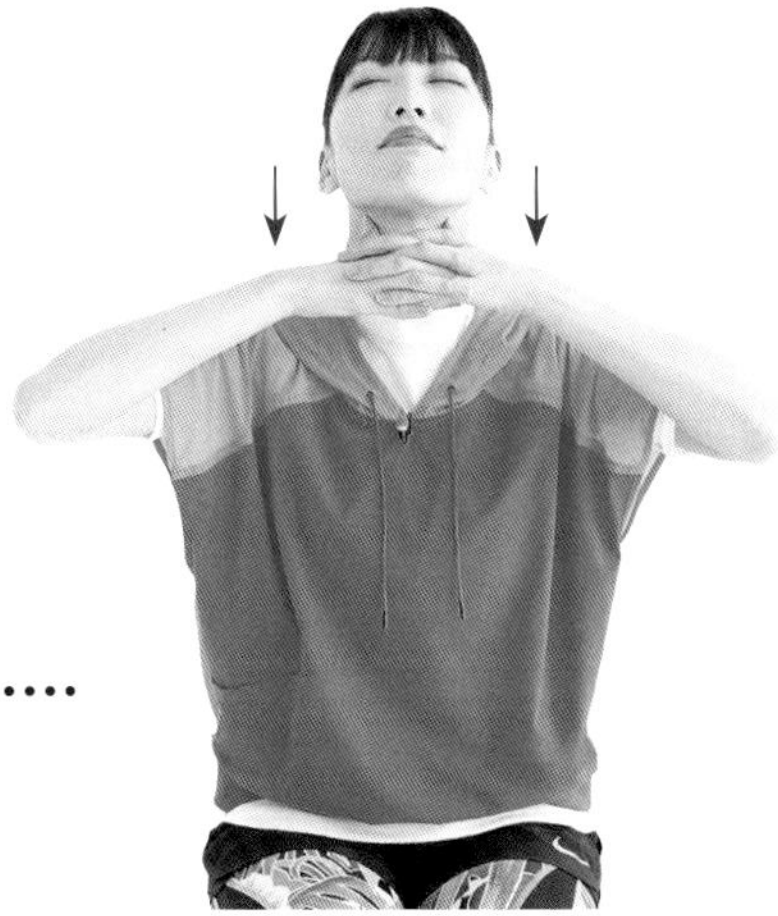

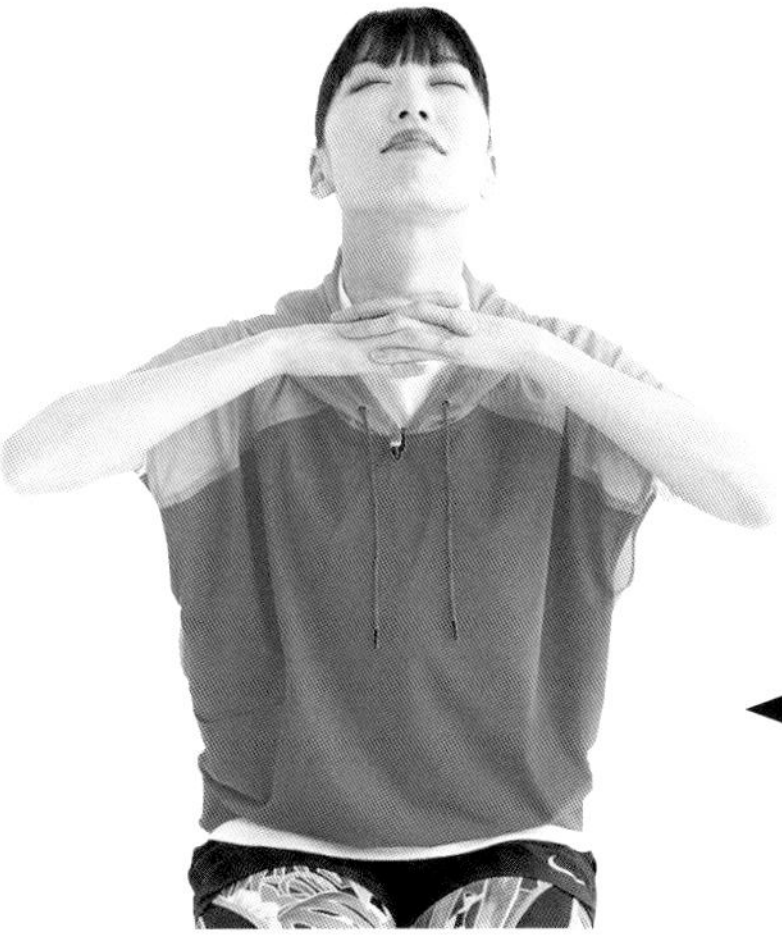

後頭部リンパケア

両手を組んで、髪の生え際に
親指を当て、首の付け根まで、
首筋のラインに沿ってゆっく
りとなで下ろす。

Point
感情や思考を司る小脳は、物
事を１日に６万回考える働き
をして、フル活動。ここをほ
ぐして、ひらめきを促進、む
くみなどの解消に。

実践！
小顔

Point
目のまわりの血流を促し、眼精疲労や頭痛、肩こりの解消にも効果的です。

前頭《ぜんとう》鼻《び》骨縫合《こつほうごう》ケア

眉間（前頭骨と鼻骨のつなぎ目にある前頭鼻骨縫合）のゆがみを整えるケア。
指を組み、両手の親指の腹で、前頭鼻骨縫合を上のほうに上げる。

頬骨上顎縫合《きょうこつじょうがくほうごう》ケア

ほお骨と上あごの骨のつなぎ目のゆがみを整えるケア。
両手の手根（手首の上、手のひらのぽこっと盛り上がったところ）を頬骨上顎縫合に当て、広げるイメージで内側から外側に動かす。

Point
粘膜系の不調（鼻の花粉症や唾液不足）、むくみ、たるみ、くすみに効果が期待できます。

口角アップケア

親指は耳の少し前（あごの切れ目）に、カギ状にした人差し指はあごの先端に置く。親指を支点に、人差し指をあごのラインに沿ってゆっくり引き上げ、親指に近づける。

口角アップケアと74ページの表情筋ケアは、両手の親指と小指を立てて「アロハー」の形に、人差し指は「カギ状」にして行います。

Point
顎関節が左右均等にほぐされます。老廃物を頚部リンパに流すイメージで。

表情筋ケア

親指は耳の少し前（あごの切れ目）に、カギ状にした人差し指は小鼻のわきに置く。親指を支点に、人差し指をほお骨に沿って横にゆっくりと動かし、親指に近づける。

Point
ほおは老廃物が溜まりやすいので、それを流すように！

表情筋リフトアップ

両手の親指と人差し指・中指で三角形を作り、ほおに当てる。人差し指・中指の位置を固定したまま、親指でほおを下から上へゆっくりと引き上げる。左右同様に行う。

Point
ほおの筋肉もほお骨に癒着しがち。するとほおがこわばり、表情も固くなります。これを解消して目をパッチリ、視野が広がります。

タッピング

目を閉じ、両手の指先で顔全体をやさしくたたく。

背中

スマホ症候群、猫背、肩こりに効果的。呼吸を深くし、褐色脂肪細胞を活性化

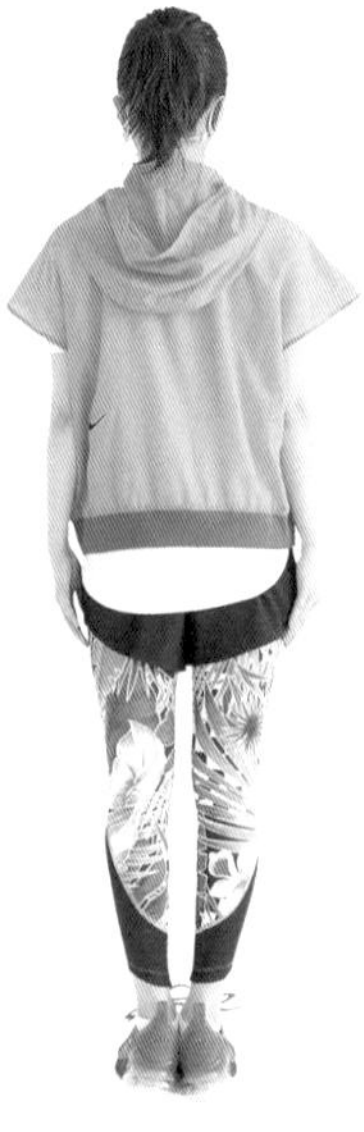

デスクでずっとパソコンとにらめっこ、夜にはスマホ片手に小さい画面をのぞいたまま。ほとんど同じ姿勢の状態で、気づいたら何時間もたっていた、なんてこと、ありませんか。液晶画面とにらめっこをしているうちに、真剣に画面を見るあまり首が前に出て、呼吸が浅くなっているはずです。また、ずっと同じ姿勢でいることにより筋肉は硬直。これでは、内臓はもちろん動かず、基礎代謝は落ちるばかりです。

あらためてここでお伝えしましょう。

頭の重さは約4kgといわれます。それが首の上に乗り、首の下には背骨（上から、頸椎7本、胸椎12本、腰椎5本）があり、それを骨盤が支えています。横から見ると、耳と肩、くるぶしが一直線になっている状態が、背骨がS字を描いた状態で、もっと

も安定している姿勢です（26ページ参照）。

これが、悪い姿勢のまま何時間も過ごしていると、筋肉が固まり、肩甲骨を活性化する動作ができなくなるので、褐色脂肪細胞も働きません。S字を支えるインナーマッスル、多裂筋も衰えます。

また、本来頭は肩のラインに沿って横に広がる「僧帽筋《そうぼうきん》」で受け止めますが、首が前に出ていると、首だけで受け止めることに。すると首は縮こまって呼吸がしにくくなり、鎖骨は見えなくなって、同時に肩まわりのラインも出なくなります。

呼吸が浅くなると、脳にも影響します。脳にエネルギーが行かなくなり、体液のめぐりが悪くなり、頭蓋骨と脳のあいだにあって、脳や脊髄を刺激から守る役目をしている「脳脊髄液」も固定され、動きが悪くなってしまう……と悪循環の連鎖。

これを解消するために、70ページで紹介した「腋窩リンパケア」をしたうえで、次ページから紹介する「背中」に注目したパーツ別の「ももクロゲッタマン体操」をすると、より大きな効果が期待できます。

背中はもちろん、胸郭まわりにも刺激が渡り、呼吸も深くなっていきます。

実践！
背中 1

胸郭まわりの外側、肋間筋から横隔膜のインナーマッスルをピンポイントで刺激し、呼吸をしやすく、褐色脂肪細胞の活性化を促します。

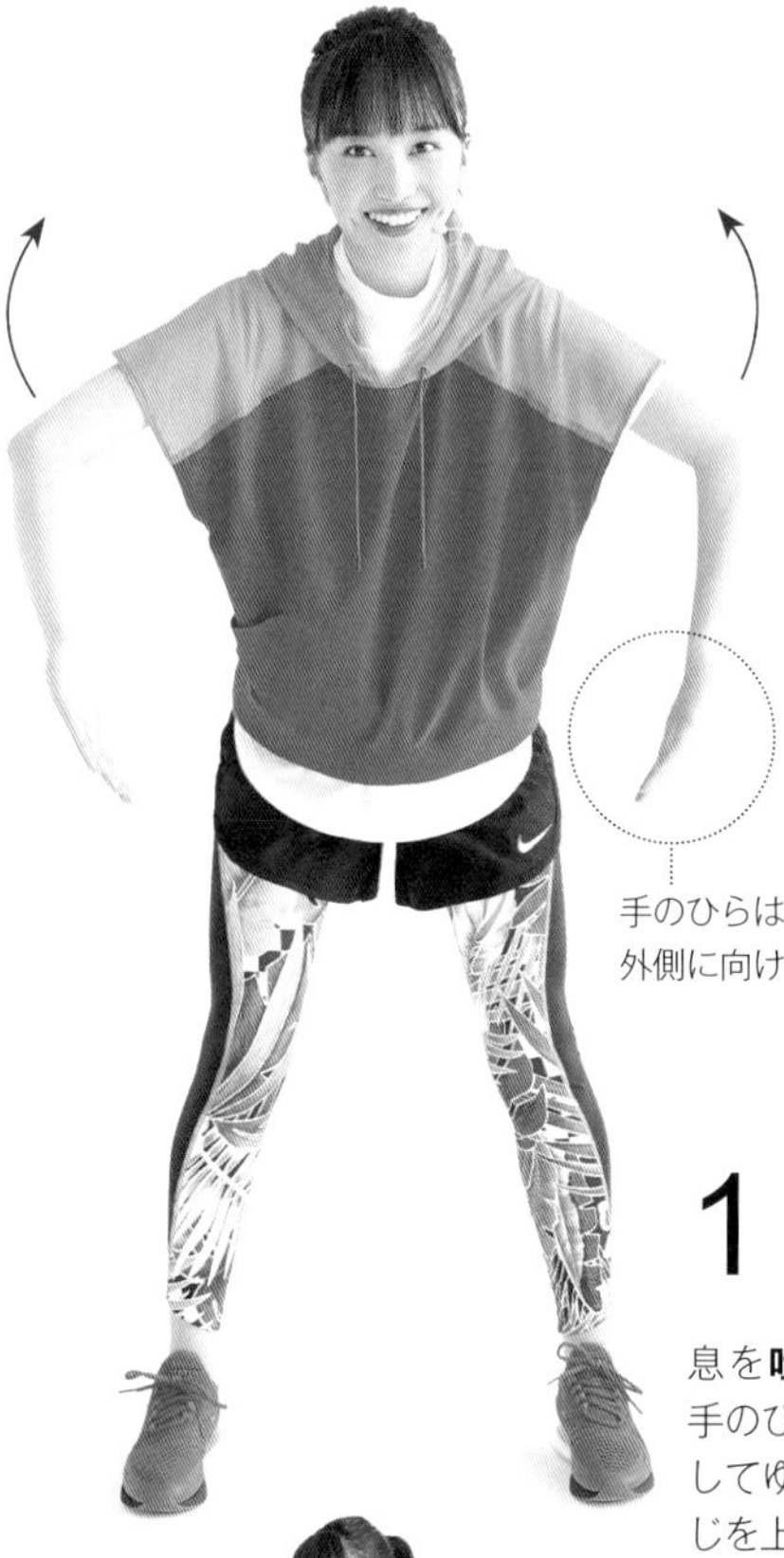

手のひらは
外側に向ける。

基本姿勢

前から見ると

上半身を前傾して、両手を合わせる。

脚を肩幅に開いて立つ。

1

息を**吐き**ながら、手のひらを外側にしてゆっくりとひじを上げる。

横から見ると

少し前傾した姿勢で。

ひじは肩のラインまで上げる。

2

肩の高さでまで上げたら、息を**吸い**ながら【基本姿勢】に戻る。

目安

これを10回！

実践！背中2

ダイナミックなエクササイズです。肩甲骨周辺筋群、横隔膜を刺激し、横隔膜の動きをしなやかに、背中全体のインナーマッスルを活性化します。

基本姿勢

前から見ると

両腕は胸の高さにし、両ひじの角度が90度になるように、手とひじを重ねる。

脚を肩幅に開いて立つ。

横から見ると

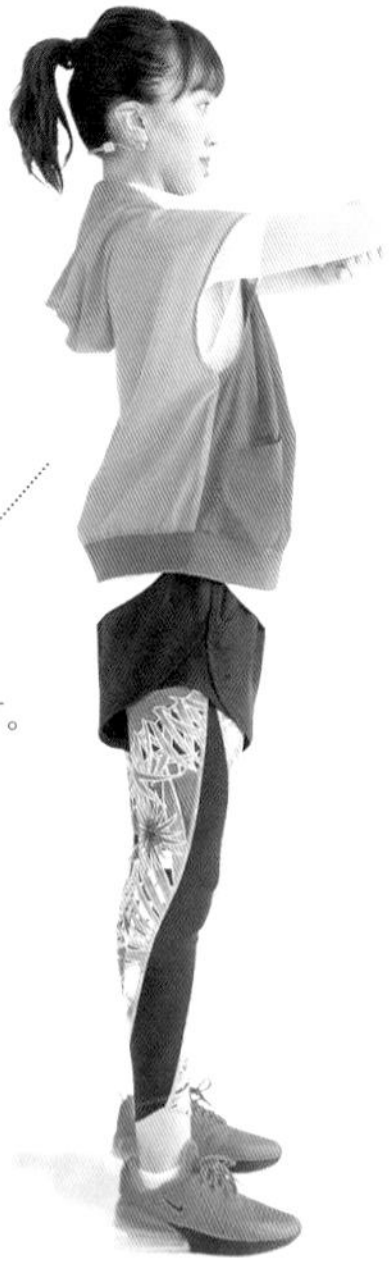

背すじを伸ばす。

1

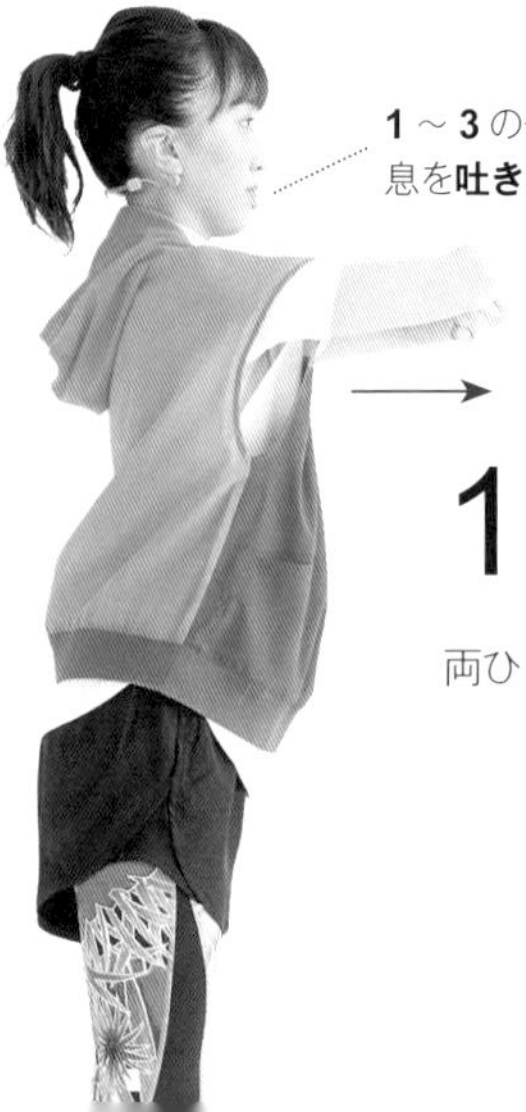

1～**3**の一連の動きは、息を**吐き**ながら行う。

両ひじを前に突き出す。

2

両腕を頭上まで持ち上げ、頭をくぐらせる。

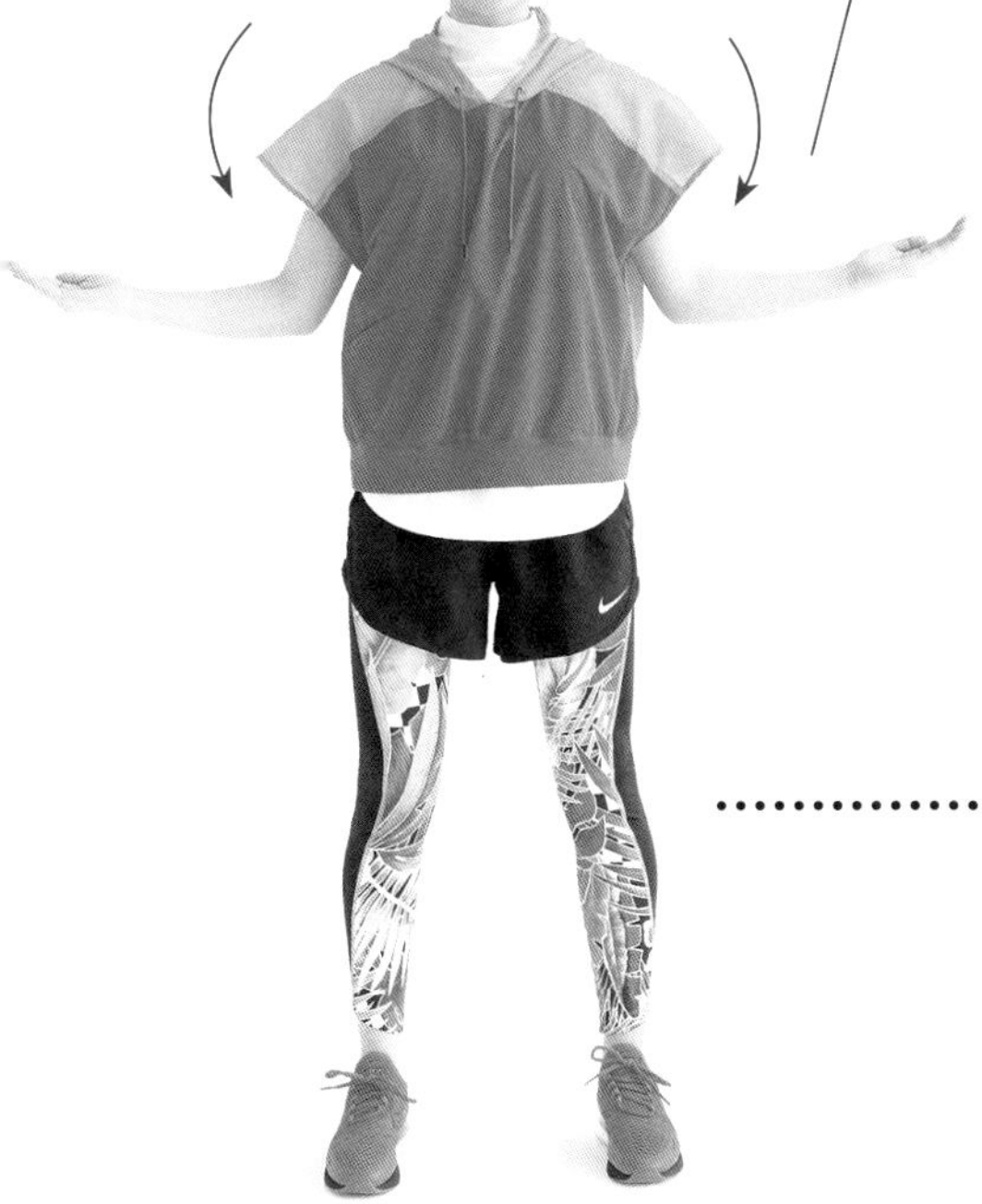

Point
鳥が羽ばたくイメージで。

3

手を離し、ひじで円を描きながらゆっくり腕をまわす。

4

【基本姿勢】に戻って息を**吸う**。このとき、上にする腕は最初とは反対の腕にする。

目安
これを10回！

お腹

横隔膜をうまく上下させ、内臓力をパワーアップ！
くびれを作る最強のエクササイズ

じつはこれ、門外不出のエクササイズで、最強のものだと自負しています。引退した歌姫も、ライブパフォーマンスをアップするために行っていました。かなりキツくて、お腹の筋肉をタテに割ることができるのです。

ショートとロングの２パターンをきちんと実践することで、お腹の４つ筋肉を刺激し、くびれを作り、内臓の位置を正しく整える効果があります。４つの筋肉とは、シックスパックを作る「腹直筋」、肋骨から骨盤に向かって流れる「外腹斜筋」、骨盤から上に走り、くびれのもとである「内腹斜筋」、そして腸を支える深層のインナーマッスル「腹横筋」。これらを同時に刺激できるのが、次から紹介するエクササイズです。

現代の日本人のほとんどが「内臓が常に下垂している」状態だといっても過言ではありません。内臓の中の大腸は、上行結腸、横行結腸、下行結腸、S状結腸で本来なら四角く位置し、その中に小腸があるのですが、現代人の大腸はゆがんで下に垂れ下がった状態になっています。そうすると、どんどん腸が下に落ち、お腹がポッコリ出てしまいます。とくに男性は腹式呼吸、お腹で呼吸をするので、胸郭の部分が開いていくのが特徴です。いくらやせていても、みぞおちのラインがぱっくり開いている人、いますよね。それを整えるのに、とってもいいのです。

「小腸・大腸が下がる」とは、みぞおちあたりにドーム状にある横隔膜（23ページ参照）が下がって、上下運動ができなくなることです。本来横隔膜は、息を吸ったときに下がり、吐いたときは上がらなければなりませんが、これがうまくいきません。肋間筋だけにゆだねた胸式呼吸になり、やはり呼吸を浅くしてしまいます。

　それを直し、内臓の位置を整えるのにとてもいいエクササイズです。固めてゆるめる、閉じる開くという、反対の動作を交互にすることがポイント。動かして刺激を与える。エクササイズしながら腸内マッサージを行っている感じですね。腸のぜん動運動を促すので、便秘解消に◎。慢性的な便秘の人におすすめです。

ももクロゲッタマン体操

実践！ お腹 1 ショート

お腹の４つの筋肉をまとめて鍛え、内臓が下がって、お腹ポッコリになるのを防ぎます。

基本姿勢

床に仰向けになって、両腕と両脚を上げ、ひじ・ひざをそれぞれ90度に曲げる。

ひじとひざは肩幅くらいに広げる。

1

息を**吐き**ながら、両ひじと両ひざを平行に引きつけ、両ひじ・両ひざを閉じる。息を**吸い**ながら【基本姿勢】に戻る。

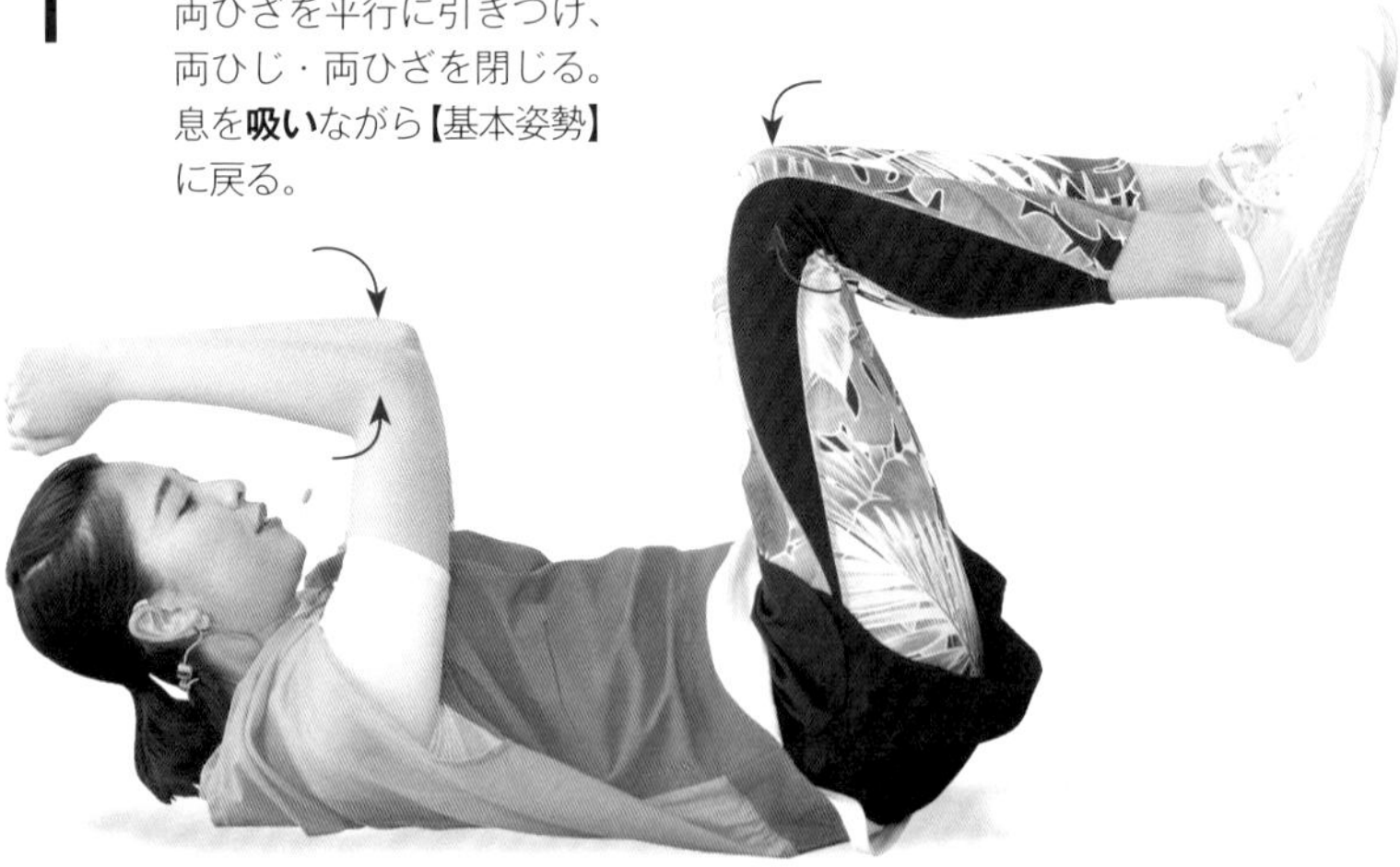

2

【基本姿勢】から、息を**吐き**ながら、片ひじと反対側のひざを対角に引きつける。息を**吸い**ながら【基本姿勢】に戻る。

反対側も同様に行う。

3

【基本姿勢】から、両ひじ・両ひざをそろえて閉じ、息を**吐き**ながら、両ひじ・両ひざを合わせるように引きつける。息を**吸い**ながらもとに戻る。

目安

これを5回！

実践！
お腹２
ロング

ショートと同じ効果がありますが、
両腕両脚を大きく広げる分、動きが
大きくなり、効果も大きくなります。

基本姿勢

床に仰向けになって
両腕と両脚を上げ、
ひじ・ひざをそれぞ
れ90度に曲げる。

ひじとひざは、肩幅より
広めに開く（ショートの
ときより広く）。

1

息を**吐き**ながら、両ひじと
両ひざを平行に引きつけ、
両ひじ・両ひざを閉じる。
息を**吸い**ながら【基本姿勢】
に戻る。

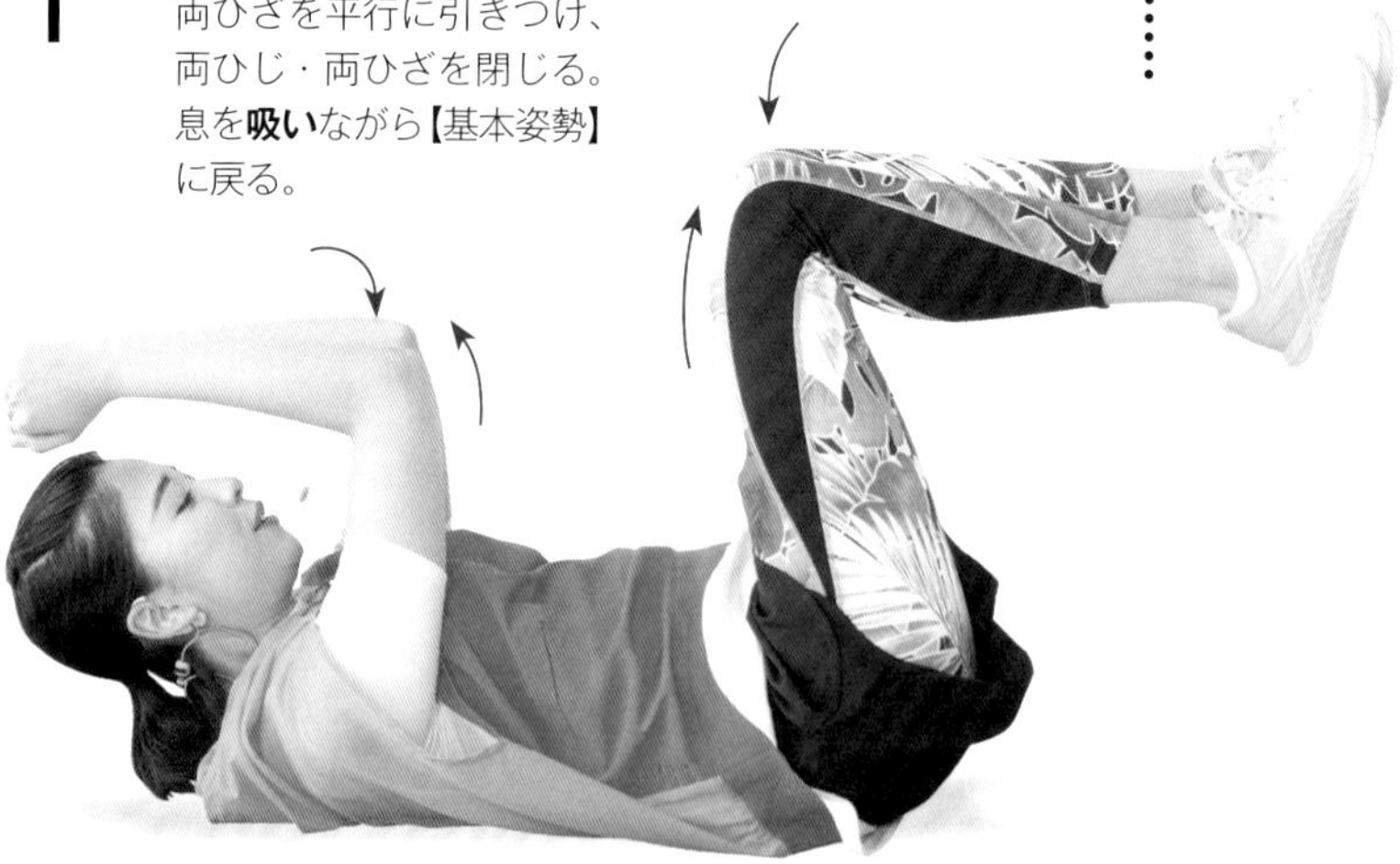

なるべく
床すれすれに。

なるべく
床すれすれに。

2

両腕・両脚を大きく広げ、息を**吐き**ながら、片ひじと反対側のひざを対角に引きつける。息を**吸い**ながら、もとに戻る。

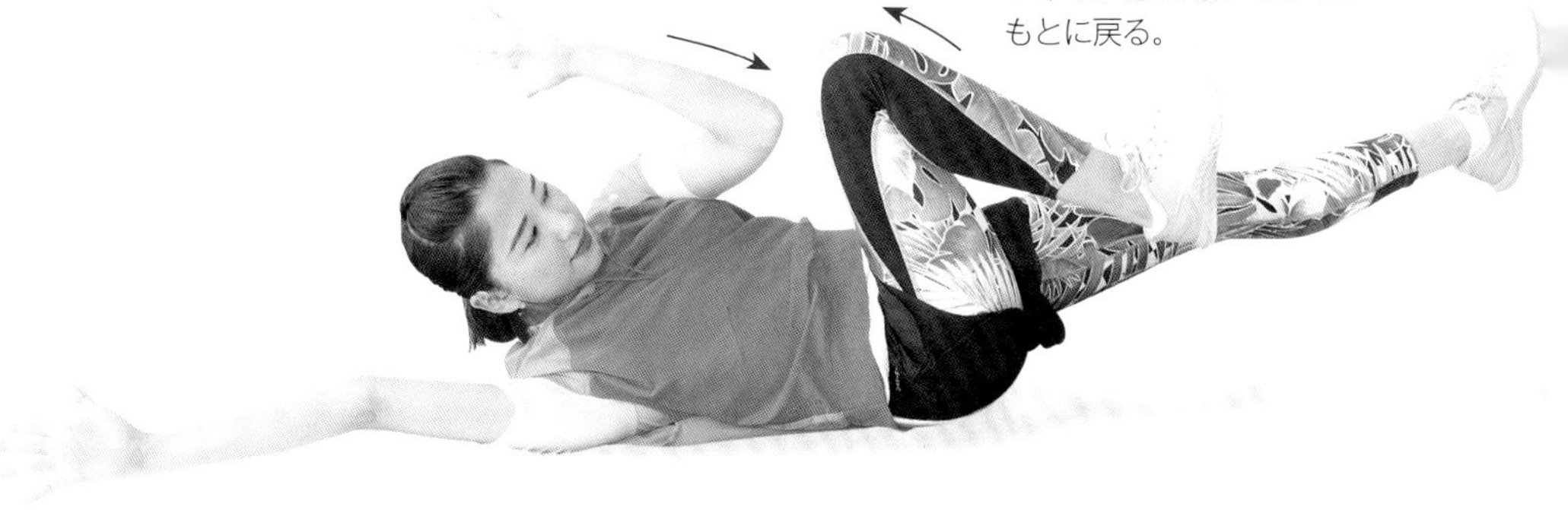

反対側も同様に行う。

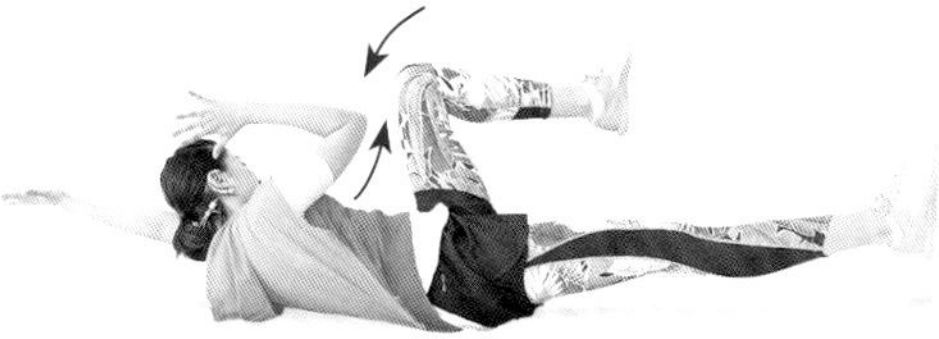

目安
これを５回！

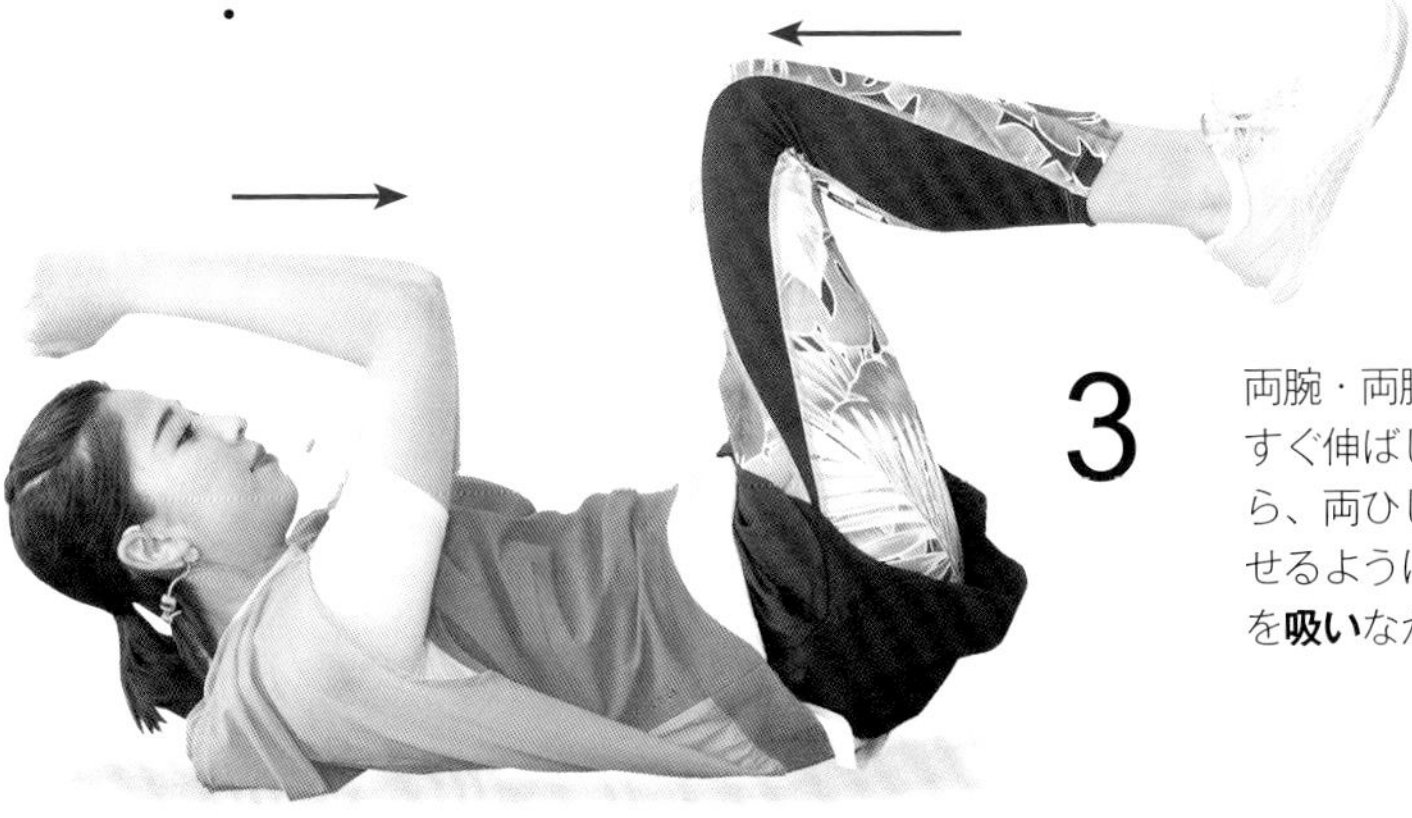

3

両腕・両脚をそろえてまっすぐ伸ばし、息を**吐き**ながら、両ひじ・両ひざを合わせるように引きつける。息を**吸い**ながら、もとに戻る。

美脚

ポイントは、脚の後ろ側を使う、セルライト除去。そして、骨盤をしっかり引き上げること

そもそも美脚でない原因は、骨盤の傾き・ゆがみにあります。日本人女性の大半は骨盤が前傾しており、ヒールを履くのも影響して、前重心になっているから。７：３の割合で、脚の前側の筋肉を使っているといわれます。そのせいで、どれだけ美脚から遠ざかってしまうか。そのシステムは次のとおりです。

骨盤のゆがみが続くと、太ももの前側の筋肉ばかり使うことになります。前ももが張って、大きく筋肉がついていきます。いっぽう太ももの後ろ側は、筋肉が使われないので衰えます。するとこれはお尻にも悪影響を及ぼします。お尻の筋肉は使われないので垂れ下がり、洗濯板のようなヒップラインへと鈍化。この状態が慢性化すると、

カラダをひざから下の前側で支えるようになり、脚のリンパの循環が悪くなるので老廃物が蓄積。むくみはもちろん、太ももで脂肪と老廃物がガッチリとタッグを組んで、ガンコなセルライトを生み出してしまうのです。こうなったら、太くてガッチリした体形になるいっぽう……。

その改善に、「ももクロゲッタマン体操　美脚」編として2つのエクササイズを紹介します。これは、骨盤が前後に倒れるのを抑えて、骨盤を引き上げる役目を担う「腸腰筋」と、骨盤を下から支える「骨盤底筋」をピンポイントでターゲットにするものです。まず骨盤を整えてから、太ももの後ろを使えるように変えていきましょう。

そして、「なぜ後ろが大事なのか？」もお話ししておきます。簡単にいうと、脚の後ろ側に「大腿《だいたい》二《に》頭筋《とうきん》」という筋肉があり、そこに「成長ホルモン」を促すポイントがあるからです。成長ホルモンは細胞を活性化し、脂肪の燃焼を促します。そんな有効なホルモンを使わない手はありません！　セルライト除去も夢ではなくなります。

成長ホルモンを上手に使うためにも「ももクロゲッタマン体操」なのです。

ももクロゲッタマン体操

実践！
美脚 1

下腹の筋肉をターゲットに。
骨盤が前後に倒れるのを改善するため、腸腰筋を鍛えること！

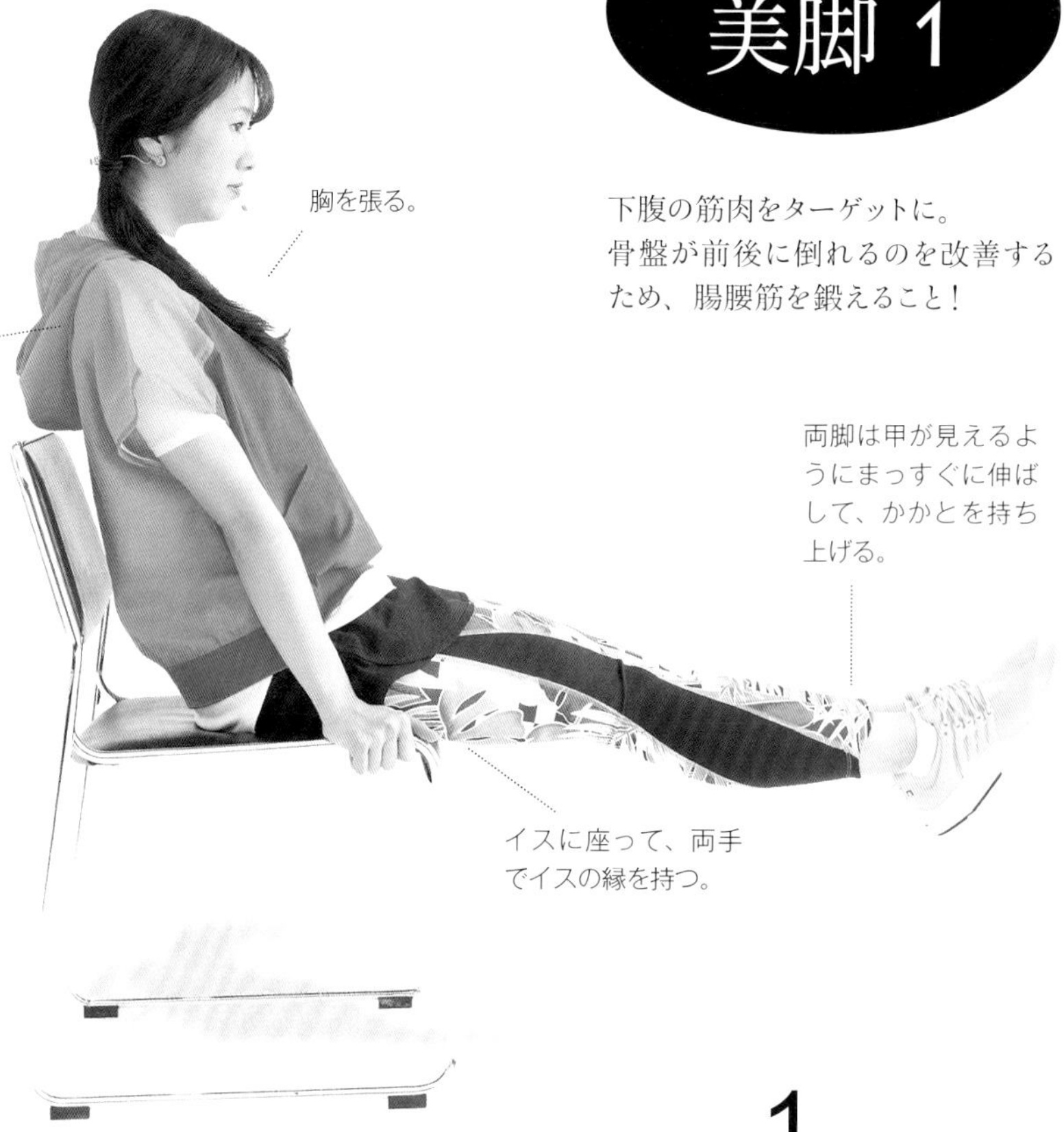

1

両脚をそろえて行う。

息を**吐き**ながら、両脚をゆっくりと引き上げる。

息を**吸い**ながら、ゆっくりと両脚を伸ばして、もとに戻る。

目安

これを10回ずつ

2

両脚を肩幅より広めに開いて行う。
①最初は、つま先を外側に向けるイメージで、脚を引き上げる。
②もとに戻したら次に、つま先を内側に向けて、両ひざを合わせるように引き上げる。

息を**吐き**ながら、両脚をゆっくりと引き上げる。

息を**吸い**ながら、ゆっくりと両脚を伸ばして、もとに戻る。

ももクロゲッタマン体操

実践！
美脚 2

腸腰筋と股関節周辺筋群、骨盤底筋に意識をして刺激を与えます。
姿勢が重要です。

1

両脚をそろえて立った状態から、片手と、その手と反対側の足を90度にふり上げる。おへそは前に出す。

2

ふり上げた手足を後ろへ大きく下げ、走るときのようなポーズにする。
反対の手足も同様に行う。

反対の手は、ひじを 90度にして、前にグッと出す。

体の中心軸を意識して、後ろにまっすぐステップワークを。

目安

これを 10 回！

5回したら、脚と腕を入れ替えてさらに5回

ＤＶＤの使い方

ももいろクローバーＺ ＆ GETTAMAN と一緒に、トライ！
笑顔で健康になれる規格外のダイエットメソッドが満載です。ぜひ実践して、ココロもカラダも元気になりましょう。また、ボーナストラックとして、超ハード体幹エクササイズ「ももクロゲッタマンブートキャンプ」と、2019 年春に富山で行われたライブ「ももクロ春の一大事 in 黒部」（一部）も収録。では、レッツスタート！

「メインメニュー」画面

DVD の視聴方法

①ＤＶＤをプレーヤーにセットします。
②自動的にオープニング映像が再生されます。
③メインメニューが表示されます。
④メインメニューに表示された項目の中から、ご覧になりたいものを選択し、再生してください。

選択するとこの DVD に収録されているエクササイズと特典映像の全部を、通して見ることができます。

「CHAPTER」を選択すると、次の画面が現れます。

「ももクロゲッタマン体操」画面

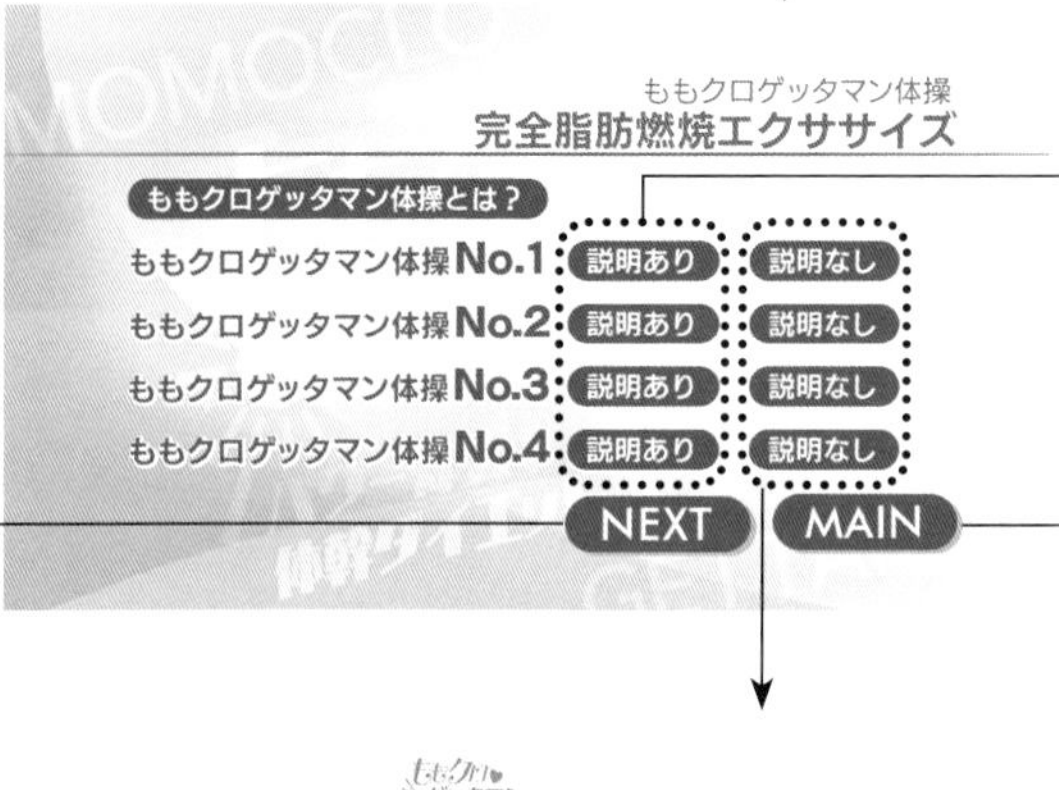

「説明あり」を選択すると、ももクロに GETTAMAN がレクチャー。各エクササイズのポイントと方法を解説しています。

「MAIN」を選択すると、上の「メインメニュー」画面に戻ります。

一連の動きが身に付いた人は、「説明なし」を選択して、ももクロと GETTAMAN に合わせてエクササイズしてみましょう。

【使用上のご注意とお願い】

●このDVDビデオは、映像と音声を高密度に記録したディスクです。DVDビデオ対応のプレーヤーで再生してください。
●パソコン、ゲーム機など、一部の機種では再生できない場合があります。対応機種以外での再生における事故、故障などは一切の責任を負いません。詳しくは使用するプレーヤーの取り扱い説明書をご覧ください。
●再生、選択ボタンはプレーヤーの機種によって異なります。詳しくは使用するプレーヤーの取り扱い説明書をご覧ください。
●このディスクを無断で複製、改変、放送（無線有線）、公開上映、公開演奏、ネットワークでの配信、レンタルすることは法律で禁じられております。
●視聴の際は部屋を明るくして、なるべくテレビより離れてご覧ください。
●適切な休憩を取りながら鑑賞し、体調がすぐれない場合や疲れている場合は、長時間の視聴は避けてください。
●小さなお子さまは特にご注意いただき、保護者の目の届くところでご覧ください。

【DVD取り扱いのご注意】

●直射日光の当たる場所や、高温多湿の場所には保管しないでください。
●ご使用後、DVDは必ずプレーヤーから取り出してください。
●DVDは両面とも、指紋、汚れ。傷などをつけないように、取り扱ってください。
●DVDが汚れたときは、メガネ拭きのようなやわらかい布で、内周から外周に向かって、放射状に軽く拭き取ってください。レコード用クリーナーや溶剤などは使用しないでください。
●ディスクの上に重いものを置いたり、落としたりするとひび割れなどの原因になります。ひび割れや変形、または接着剤などで補修されたディスクは危険ですから絶対に使用しないでください。
●お買い上げのDVDはお引き取りいたしかねます。

「小顔編」「背中編」「お腹編」「美脚編」を選択すると、各項目のエクササイズ法をGETTAMANが指導してくれます。

エクササイズのポイントと方法を表示。

「パーツ別　ももクロゲッタマン体操」画面

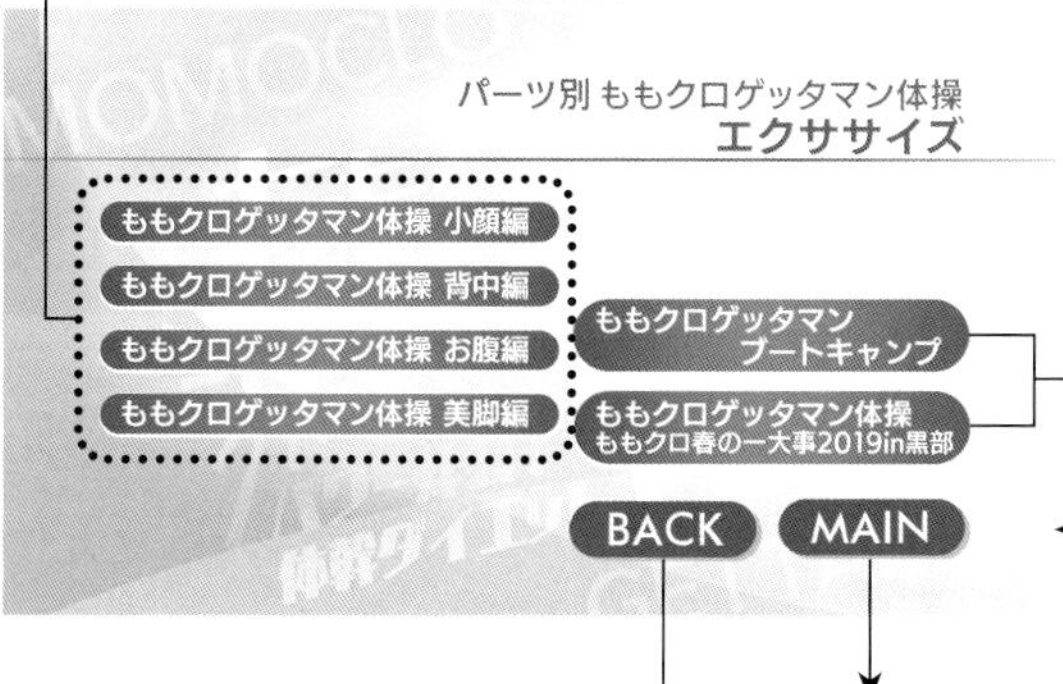

この２つはボーナストラックです。

「NEXT」を選択すると、左の「パーツ別エクササイズ」の画面が現れます。

「MAIN」を選択すると、「メインメニュー」の画面に戻ります。

「BACK」を選択すると、右の画面に戻ります。

【GETTAMAN（ゲッタマン）】

ココロとカラダをデザインし、生き方まで変えるヒューマンアーティスト。クライアントには第一線で活躍する有名ミュージシャンやモデル・アスリート・財界人・著名人が名を連ね、絶大な信頼を得ている。自身開発の「肩甲骨ダイエット」は一世を風靡し、個人指導は3年待ちという人気ぶりから、〝ダイエット界の鬼才〟と言われる。著書は多数あり、ベストセラーを連発。各メディアへの出演、全国での講演多数。

【ももいろクローバーZ】

百田夏菜子・玉井詩織・佐々木彩夏・高城れにからなるガールズユニット。2014年には、国立競技場でのライブを、女性アーティストとしてはじめて行い、2日間で11万人を動員。ライブの年間動員数は、過去2度にわたり、女性アーティスト1位を記録。

■ STAFF

ももクロスタッフ：
ヘアメイク
チエ　伊達ともえ　横山 藍　斉藤 弓
スタイリング　寄森久美子
マネージャー
川上アキラ（スターダストプロモーション）
古屋智美（スターダストプロモーション）
上田麻菜実（スターダストプロモーション）
森下優花（スターダストプロモーション）

GETTAMAN スタッフ：
ヘアメイク　田島沙智子（六本木美容室）
マネージャー　若生由美子

衣装協力　Kevin（ナイキジャパン）

DVD スタッフ：
ディレクター　久保年且
編集　丸山大夢
撮影技術　テイクファイブ
ミキサー　大田将一

書籍スタッフ：
撮影　水野竜也
デザイン　高市美佳
イラスト　佐藤眞一（人体動画制作センター）
校閲　小川かつ子
編集　深山里映

ももクロゲッタマン体操
パワー炸裂！ 体幹ダイエット DVD67分付き

著者　GETTAMAN　ももいろクローバーZ
編集人　新井 晋
発行人　倉次辰男
発行所　株式会社　主婦と生活社
〒104-8357　東京都中央区京橋 3-5-7
編集部　tel.　03-3563-5058
販売部　tel.　03-3563-5121
生産部　tel.　03-3563-5125
https://www.shufu.co.jp
製版所　東京カラーフォト・プロセス株式会社
印刷所　大日本印刷株式会社
製本所　大日本印刷株式会社

ISBN978-4-391-15363-7